U0471132

泉城文库

济南出版社

海右名士丛书

荣斌 著

李清照

图书在版编目（CIP）数据

李清照 / 荣斌著 . -- 济南：济南出版社，2024.4
（海右名士丛书）

ISBN 978-7-5488-6239-0

Ⅰ . ①李… Ⅱ . ①荣… Ⅲ . ①李清照（1084- 约 1151）- 传记 Ⅳ . ① K825.6

中国国家版本馆 CIP 数据核字（2024）第 061359 号

李清照
LI QINGZHAO

荣斌　著

出　版　人　谢金岭
责任编辑　韩宝娟　李冰颖　姜海静　郑红丽
装帧设计　牛钧
插　　　图　姜超

出版发行　济南出版社
地　　址　山东省济南市二环南路 1 号（250002）
总 编 室　0531-86131715
印　　刷　济南新先锋彩印有限公司
版　　次　2024 年 4 月第 1 版
印　　次　2024 年 4 月第 1 次印刷
开　　本　160 mm×230 mm　16 开
印　　张　10.75
字　　数　135 千字
印　　数　1—4000 册
书　　号　ISBN 978-7-5488-6239-0
定　　价　49.00 元

如有印装质量问题　请与出版社出版部联系调换
电话：0531-86131736

版权所有　盗版必究

前言

本书的主人公，是中国历史上一位伟大的女性。当人们翻阅中国文学史时，可以发现，她的名字是与屈原、陶渊明、李白、杜甫、苏轼、陆游等伟大诗人并列在一起的。她就是宋代著名女文学家李清照。

李清照诞生于公元1084年（北宋元丰七年）。由于关于这位女文学家的文献资料极为有限，人们对她早年的生活经历所知甚少，所以，对李清照早年的许多问题，笔者在此不宜做出肯定性的叙说，只能罗列诸般说法如下：

关于李清照的出生地，有人说在历城，有人说在章丘，也有人说在郓城。惜皆无文献依据。李清照的父亲李格非本人对自己的里籍曾四次提到，有三种不同说法：一是他在1085年写的《廉先生序》的落款中，自署"绣江李格非文叔序"；1090年写的《题韩公致尧手简》中，自署"绣江李格非题"。二是他于1102年率子侄在曲阜谒拜孔子墓后留下的题名："提点刑狱、历下李格非崇宁元年正月二十八日，率遹、迥、逅、远、迈恭拜林冢下。"三是他于1094年携侄子李述拜谒某祠后留下的题名："济南李格非同侄述谒祠下。绍圣元年八月十一日。"绣江是发源于章丘百脉泉的一条河，人们通常用"绣江"代指"章丘"。"历下"固然有人曾用来代指"历城县"，但更多的是用来代指"济南"。由于李格非本人对其里籍有不同说法，所以人们对李清照的里籍一直有争议，其出生地更难准确判断。至于出生于郓城说，是鉴于李清照出生那年李格非正任郓州教授，倘其家眷随之居于任所，说李清照出生在郓城似乎也顺理成章，不过迄今没有发现李格非家眷当时居于郓州的确凿资料，此说只可存疑。

对于李清照的里籍和出生地的是是非非，尚有待于进一步考证。但无论李格非的里籍坐实于章丘也好，还是坐实于历城也好，都不影响李清照祖籍是济南这一结论。因为无论按宋代的行政区划还是按当今的行政区划，章丘和历城都属于济南。

关于李清照的童年和少年时代，从专家的研究成果中，我们只知道以下简单情况：当她一岁半时，她的生母便不幸去世了，其后五六年间，她由原籍的家人或其他人抚养。后来，她随着当官的父亲到过许多地方。再后来，约在15岁的时候，她到了宋都汴京（今河南开封）。至于李清照少年时代生活的详细情况，由于没有确凿的史料佐证，本书只能从略。所以，当我们在这里将李清照介绍给读者的时候，她已经是一名17岁的少女了。

目录

第一章　诗坛绽秀　001

第二章　结缡东京　017

第三章　屏居青州　037

第四章　家国变故　055

第五章　流离浙东　075

第六章　客寓临安　091

第七章　避乱金华　117

第八章　定居杭州　129

第九章　凄惨晚年　143

第十章　流芳千古　155

第一章
诗坛绽秀

公元1100年，由赵匡胤开国的赵宋王朝进入了第140个年头。这年正月，赵宋第七位皇帝宋哲宗赵煦驾崩。这位幼年就披上了黄袍的天子，其生命旅程在23岁便早早地终结了。

　　宋哲宗死后，一场争夺王朝最高权力的斗争在宫中悄悄展开了。斗争的结果是，由向太后指定的神宗第十一子、19岁的端王赵佶登上了皇位。这位皇帝的庙号，后来定为宋徽宗。宋徽宗赵佶的登基，在赵宋王朝的历史上，应该说是一幕悲剧的开始。在中国的历代皇帝中，宋徽宗赵佶无疑是最有艺术才华的一位，他的绘画和书法，在中国艺术史上可与一流大师比肩，流传下来的少量赵佶书画，无一不是国宝级文物。不过，这位才子皇帝却不会治国，他在位的20多年间，"玩物而丧志，纵欲而败度"（《宋史·徽宗纪》）。他重用奸臣，挥霍成性，竭民力以快己欲，致使民不聊生、天下大乱。由于国力空虚，难抵外敌，最终酿成亡国之祸。不仅赵宋王朝因他而蒙受了奇耻大辱，千百万人民也陷入了水深火热之中。

　　李清照，这位齐鲁大地培育出的才女，在她成熟的时候，恰恰是这幕历史悲剧开始的时候。此后，她一直处于这历史悲剧之中，伴随着这幕历史悲剧的发展，度过了自己的一生。

　　这一年，李清照17岁，时在宋都汴京（今河南开封）。

　　当年，赵匡胤定都开封，实在是选了个好地方。一是开封地处中原，作为全国的政治中心十分合适；二是此地水陆交通四通八达，物产丰富，商业发达，经济实力雄厚；三是自周世宗时起，已对开封进行了大规模的开发建设，这为宋朝建都打下了良好的基础。至宋徽宗时，开封又经过近一个半世纪的发展，已成了当时世界上人口最多的一个大都市。人们从当时张择端画的《清明上河图》中，可以看到那时开封的繁华景象。其实，《清明上河图》所画的，仅仅只是开封近郊的一角。

宋都开封的规划建设，大体上是仿唐都长安的。全城分外城、内城、皇城三重布局，四条御道形成城市街道主干线，由主干线派生出的支干街道纵横直交，将全城划分为若干方区。各方区中大街小巷也是纵横直交，又划分为若干小方格。小方格中则分布有若干方整庭院。这无数大大小小的方整庭院，便是这座城市最基本的建筑单元。

李清照在汴京的家，就在这棋盘形开封城西部的一个小方格子中。

李清照的父亲李格非，在当时是一位很有名气的学者型官员。李格非少年时十分聪明，《宋史》中称他"幼时，俊警异甚"。他潜心研究经学，年轻时便著有《礼记说》数十万言。登进士后，李格非先后出任过冀州司户参军、郓州教授等职。李格非在任郓州教授时，娶宰相王珪之长女为妻，王氏生下李清照后不幸早卒。几年后，李格非再娶彰德军节度使王拱辰的孙女为继室。元祐六年（1091），李格非当上了太学博士。当时任翰林学士的苏轼十分赏识李格非的才学，由此李格非便成了苏轼的得意门生。人们都知道，黄庭坚、秦观、晁补之、张耒曾被世人称为"苏门四学士"，此四人都成了声名远播的大文学家。后来，人们又称李格非、廖正一、李禧、董荣四人为苏门"后四学士"，可见李格非与苏轼的关系在当时确实非同一般。约元祐七年（1092），李格非升任礼部员外郎。李清照11岁那年（1094），李格非因不愿参加编纂《元祐诸臣章疏》而得罪了当时的宰相章惇，被赶出京城，当了广信军通判；第二年被召回京，任校书郎。

李格非为人正直，是个特别爱较真的人。早在任郓州教授时，当地郡守见其为官不久，少有积蓄，便提出让他兼点别的职，以便增加点收入。他没有动心，婉言谢绝了人家。后来任广信军通判时，当地有一个道士，常常妖言惑众，而且出入非得乘车，盛气凌人。一次李格非正巧在路上遇着了，李格非便命人把他从车上揪下来，用棍棒重重惩戒了一顿后，把他驱除出境了。还有一件事似乎更能说明李格非的性格特征：当时，一班文人都以搜集、使用一些名牌墨为时髦，唯独李格非不在乎，有墨用即可。一次，有人向李格非吹嘘说，他有一块墨如何如何好，李格非听了不以为然。那人见李格非不买他的账，便说："我这墨硬得很，硬得可用来割东西。"李格非说："我割东西用刀子，不用墨。"那人又说："我这墨用水泡两宿也不烂。"李格非说："我盛水用盆子，不用墨。"那人还不识趣，又说："这墨放上一二百年也不变质。"李格非笑了，说："我一块墨能用上两三年就很不错了，何必要放它一二百年呢？"那人一时无言以对了，又说："我这墨可是真黑啊！"李格非一点也不给人家面子，针锋相对地说："没听说过天下墨有白的。"事后，李格非特地作了一篇《破墨癖说》，在文章的结尾写道："嗟乎！非徒墨也，世之人不考其实用，而眩于虚名者多矣，此天下寒弱祸败之所由兆也。"可以看出，李格非不仅是一个很正直的人，也是一个务实的人，一个富有社会责任心的人。

李格非的藏书很多，而且他不像有些学究那样，限制孩子这书不能读、那书不准看。他的藏书，李清照是可以随便翻阅的。李清照之所以能成为文坛一代才女，是与书香家庭的熏陶和李格非的影响分不开的。

一天，李清照在父亲书房里看到了一卷《洛阳名园记》。这篇文章是李格非五六年前任校书郎时写下的，当时他曾在洛阳住过很长一段时间。文章中详尽记述了唐代洛阳19处名园的盛衰过程。这些名园，有许多李清照过去曾听父亲谈到过，像富郑公园、董氏西园、刘氏园、苗帅园、独乐园、吕文穆园等。当时，她曾被这些名园的华美幽雅而深深吸引，也曾为它们的最终破败而深感遗憾。现在，得读父亲《洛阳名园记》，更是爱不释手。此次吸引李清照的已不仅仅是文章中所记述的那些名园了，更吸引她的是父亲那流畅华美的文笔及其倾注于全文中的深邃的思想。特别是文章最后一大段，李清照反复诵读，直到背得滚瓜烂熟。这段文字写的是：

  洛阳处天下之中，挟崤、渑之阻，当秦、陇之襟喉，而赵、魏走集，盖四方必争之地也。天下常无事则已；有事，则洛阳必先受兵。余故尝曰：洛阳之盛衰也，天下治乱之候也。

  方唐贞观、开元之间，公卿贵戚开馆列第于东都者，号千有余邸。及其乱离，继以五季之酷，其池塘竹树，兵车蹂蹴，废而为丘墟，高亭大榭，烟火焚燎，化而为灰烬，与唐共灭而俱亡者，无余处矣。余故尝曰：园圃之兴废，洛阳盛衰之候也。

  且天下之治乱，候于洛阳之盛衰而知；洛阳之盛衰，候于园圃之兴废而得；则《名园记》之作，余岂徒然哉？

  呜呼！公卿大夫方进于朝，放乎一己之私以自为，而忘天下之治忽，欲退享此，得乎？唐之末路是矣。

李格非在这里，由洛阳名园之兴废，写到了天下之治乱；由天下之治乱，写到了有唐一代的兴亡，从而为当今的"公卿大夫"敲响了警钟。虽文字不长，但字里行间透露出了作者那敏锐的政治眼光和强烈的社会责任感。

　　饱读诗书的李清照当然知道唐代的贞观之治，也知道开元之盛、天宝之乱，大唐帝国的盛衰兴亡史，她是十分了解的。她虽知道那场"安史之乱"使强盛的大唐大伤了元气，但却从来没想到，这一切皆是由于公卿大夫"放乎一己之私以自为，而忘天下之治忽"造成的。读了父亲的文章，她有了一种茅塞顿开的感觉。她又联想到当今：这些年来，汴京造园之风大盛，贵族富商皆倾心营建园囿，如城南玉津园、城北瑞圣园、城东宜春园、城西琼林苑等，都是名震全国的豪华园囿。徽宗登基不久即有消息从宫中传出，朝廷准备营建艮岳（又名万岁山），那将是一座周围10余里的大型皇家园林，里面不仅要有山林池沼、楼台亭榭，还有奇花异草、飞禽走兽。总之，凡是天下园林中有的，艮岳都要有；天下园林中没有的，艮岳也要有。当初乍一听到这一消息时，李清照还曾为这一规划之宏伟而兴奋过一阵子呢，今天读了父亲的文章，一抹隐忧不禁袭上心头。她好像有一种不祥的预感，这种不祥最终是一种什么结果，她一时还说不清。若干年后，李清照当年的这种不祥之感变成了现实——由于徽宗赵佶大造园林，"花石纲"使百姓负担过重，再加上天灾人祸、民不聊生，各地百姓纷纷揭竿而起。朝廷只顾镇压农民起义，国力空虚，北边境外之敌在不断的捣乱之后，竟长驱直入，一气打到开封。不仅费时6年建成的艮岳被铁蹄践踏成了废丘，连赵佶本人也当了亡国俘虏。这一结果，是李清照当时万万不敢想的。但她在读了父亲的《洛阳名园记》后已清醒地意识到，大唐由盛而衰的前车之鉴，当今"公卿大夫"们不可不察。

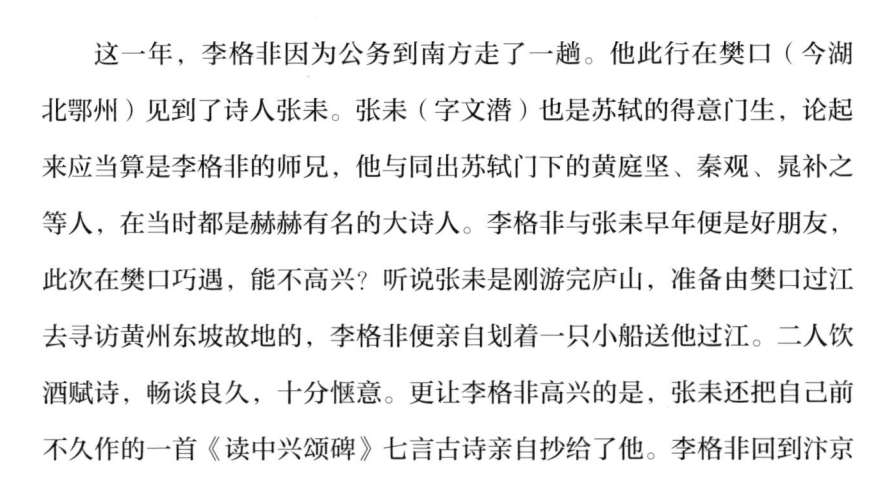

这一年，李格非因为公务到南方走了一趟。他此行在樊口（今湖北鄂州）见到了诗人张耒。张耒（字文潜）也是苏轼的得意门生，论起来应当算是李格非的师兄，他与同出苏轼门下的黄庭坚、秦观、晁补之等人，在当时都是赫赫有名的大诗人。李格非与张耒早年便是好朋友，此次在樊口巧遇，能不高兴？听说张耒是刚游完庐山，准备由樊口过江去寻访黄州东坡故地的，李格非便亲自划着一只小船送他过江。二人饮酒赋诗，畅谈良久，十分惬意。更让李格非高兴的是，张耒还把自己前不久作的一首《读中兴颂碑》七言古诗亲自抄给了他。李格非回到汴京后，就把张耒的这首诗交给了李清照。

李清照对父亲的挚友张耒一向十分崇拜，张耒的诗词她读过不少。对父亲带回来的这首诗，她读得格外认真。

张耒这首《读中兴颂碑》，是写唐代"安史之乱"的一首咏古诗。所谓"中兴颂碑"，是指湘江支流浯溪（在今湖南永州祁阳市）石壁上的摩崖石刻，上面刻有唐代著名文人元结作的《大唐中兴颂》。元结的这篇颂文，作于唐肃宗上元二年（761），当时"安史之乱"已基本平息，唐兵已收复了长安。元结认为大唐由此可以"中兴"了，于是写了这篇颂。此文后经著名书法家颜真卿书写后，刻在了浯溪石壁上。该摩崖石刻被人称为文、书、崖"三绝"，成了著名胜迹。张耒这首咏古诗，就是在观赏浯溪中兴颂碑后创作的。诗中在简要追述了"安史之乱"的大致经过后，主要对郭子仪等人再造唐室的功绩进行了歌颂。在诗的结尾，诗人发出了"百年废兴增叹慨，当时数子今安在"的感叹。客观地说，张耒这首咏古诗在艺术上并无多少独到之处，在他的全部诗词作品中，此诗并非上乘之作。但是，这首诗却让李清照捧读再三，十分激动，原因就是她刚刚读过父亲的《洛阳名园记》，心中那种忧国情结与此诗所咏的那段历史，又在心中擦起了火花，一种强烈的创作欲望在李清照心头迸发了。

第二天，当李清照去父亲书房送还张耒的诗稿时，顺便把自己工工整整誊抄在诗笺上的两首和诗交给了父亲。

李清照的两首和诗写的是：

五十年功如电扫，华清花柳咸阳草。
五坊供奉斗鸡儿，酒肉堆中不知老。
胡兵忽自天上来，逆胡亦是奸雄才。
勤政楼前走胡马，珠翠踏尽香尘埃。
何为出战辄披靡？传置荔枝多马死。
尧功舜德本如天，安用区区纪文字！
著碑铭德真陋哉，乃令鬼神磨山崖。
子仪光弼不自猜，天心悔祸人心开。
夏为殷鉴当深戒，简策汗青今俱在。
君不见张说当时最多机，虽生已被姚崇卖。

君不见惊人废兴传天宝，中兴碑上今生草。
不知负国有奸雄，但说成功尊国老。
谁令妃子天上来，虢、秦、韩国皆天才。
苑桑羯鼓玉方响，春风不敢生尘埃。
姓名谁复知安史？健儿猛将安眠死。
去天尺五抱瓮峰，峰头凿出开元字。

时移势去真可哀，奸人心丑深如崖。
西蜀万里尚能反，南内一闭何时开？
可怜孝德如天大，反使将军称好在。
呜呼！奴辈乃不能道辅国用事张后尊，
乃能念春荠长安作斤卖。

  在这两首诗中，李清照从大处落笔，深刻剖析了唐代发生"安史之乱"以及唐王朝军队一败涂地的原因。那就是以唐玄宗为首的统治集团耽于淫佚，竭民力以快己欲，加之任用负国奸雄，终于酿成大祸。她在总结唐代历史教训时，对骄奢淫逸的唐玄宗和一班谄媚误国的佞臣权奸一同进行了鞭挞。从两首诗中表现出的那尖锐的政治批判锋芒中，读者不难感受到作者对现实的隐讽之意。李清照在这里虽为咏史，但透露出的却是心中的忧国之思。

  尤其应当指出的是，张耒原作主要是在歌颂郭子仪等人的"中兴"功绩，而李清照却从寻找"安史之乱"的根源出发，对历史之循环往复、治乱兴废进行了深层次的思索。她的思索虽然未必完全把握了历史发展规律，但却是对历史、对社会的可贵探索。这种探索，在当时那个时代，很难令人相信会是一个17岁的女孩子能做得到的。

  当李格非读完女儿的这两首和诗时，他惊讶了。他有点不相信这是自己女儿的作品。他虽然知道平日女儿读书很多，爱写点诗词，但他万万没想到，女儿不仅诗写得好，而且如此富有思想！李格非知道，仅凭这两首诗，自己的女儿是足以在诗坛大放异彩的。女儿的才华应当得到展示，应当让它得到社会的承认。李格非为这两首诗加上了诗题——

《浯溪中兴颂诗和张文潜》，送给了自己的一些诗友。

　　果然，诗坛轰动了。礼部员外郎李格非家出了一名少年女诗人的消息很快便传遍了京城。就这样，在北宋末年的中国诗坛上，又跃起了一颗新星。这颗新星一被人们发现便格外引人注目，格外耀眼，甚至可以说是格外刺眼。因为李清照作为一名女性，能在诗坛大放异彩，对当时的许多人来说，是一件不可思议的事情。人们细数中国诗坛，在李清照出现之前，可与李清照并提的女诗人只有汉代的蔡琰（文姬）、唐代的薛涛两人。而后来，随着李清照的成长和成熟，人们逐渐知道，李清照的光彩，已是蔡琰、薛涛二人远莫能比的了。人们甚至发现，与众多男性诗人相比，李清照的光彩也毫不逊色。直到今天，当人们论说中国古代女子文学创作成就时，不能不首推李清照；当人们论说中国诗歌发展史时，在高度肯定屈原、李白、杜甫、苏轼、陆游等大家创作成就的同时，也不会忘记提到李清照。

　　李清照的同时代人王灼在他后来所著的《碧鸡漫志》卷二中曾这样评述李清照的诗才："自少年便有诗名，才力华赡，逼近前辈。"李清照研究专家们一般认为，这里所说的"自少年便有诗名"，指的便是李清照《浯溪中兴颂诗和张文潜》两首诗在诗坛引起的轰动。而所谓"前辈"，不仅仅是指大诗人张耒一人，而是对诗坛前辈的泛指。作为一名年轻女子，能在诗坛"逼近前辈"，又怎能不引起人们的注目呢？

　　其实，李清照并不是一夜成名的，她17岁在诗坛引起的轰动，恰恰是在她逐渐被人所知之后形成的。她的作品，早在几年之前便已在社会上传开了。不过，那些作品不是诗，而是词。

晚唐时，一种新的诗歌形式——曲子词产生了。经五代时期的发展，至北宋时，词已成了一种十分成熟的文学体裁。随着市井文化的发展，宋仁宗天圣、景祐年间，词已成了当时人们文化生活中不可或缺的重要部分。为了适应歌舞宴饮的需要和音乐的发展，许多文人成了热心为歌者写唱词的作者。比如柳永，他的作品在社会上影响之大，已达到了"凡有井水饮处，即能歌柳词"的程度（引文出自《余杭旧志》）。说白一些，当时的词，实际上就是今天我们所说的流行歌曲的歌词。在北宋那个特定的时代，作词已成了当时文人的一种时髦。自苏轼以后，词逐渐成了虽与诗有亲密血缘关系，但又与诗有区别的独立的文学体裁。人们作词，只有一部分是在为歌者服务，大部分却是在运用词这种新体裁来作新诗。词的应用范围拓展了，词人的个性风格也多样化了。由此而带来的结果是：词创作的艺术水平得到了迅速的提高，词的社会影响力也得到了迅速的提高。胡适先生在论述宋词发展时，曾划分为三个阶段（见胡适选编的《词选》）：一为歌者的词（苏轼之前），二为诗人的词（北宋苏轼至南宋姜夔之前），三为词匠的词（自姜夔始）。宋词创作艺术成就最辉煌的时期，正是"诗人的词"兴盛的时期。

李清照恰恰出生在这个时期，成长在这个时期。这位有诗歌创作天赋的少女，自然也要在词这一新兴文学领域中一展自己的才华。

较早在社会上流传的，是李清照的两首写故乡生活的作品，一首是《怨王孙》，一首是《如梦令》。

《怨王孙》写的是：

　　湖上风来波浩渺。秋已暮、红稀香少。水光山色与人亲，说不尽、无穷好。

　　莲子已成荷叶老。清露洗、蘋花汀草。眠沙鸥鹭不回头，似也恨、人归早。

《如梦令》写的是：

　　常记溪亭日暮，沉醉不知归路。兴尽晚回舟，误入藕花深处。争渡，争渡，惊起一滩鸥鹭。

　　《怨王孙》通过写秋日湖上景致，表现了作者热爱生活的绵缈之情。上片写景取神广远，视野开阔，表达了作者的喜悦亲切之情；下片则改为纤笔细描，形象状物，表达了作者的依恋难舍之情。词中处处透露出一个聪明而又活泼的女孩子的灵气。比如，词中不说自己耽爱山水美景，却说是山水与人亲近；不说自己不愿离去，却说鸥鹭恨人早归，把山水、鸥鹭都人格化了。这种主客易位的写法，是一种极为巧妙的构思。总之，这首词，可以说是一名不识愁滋味的青春少女献给大自然的一曲赞歌。

　　《如梦令》写的则是湖上活动的一个小片段，甚至可以说是一个瞬间。李清照把自己热烈的情感蕴于恬淡的画面勾勒之中，又在写静之中，出奇制胜地写活了动的场景。虽是一首仅三十几个字的小令，却形象地写了自己多样的心态变化——湖上游玩之高兴、误入迷途之焦虑（甚至有些恐惑）、奋桨急渡之紧张、惊飞宿鸟之惊喜。当读者正随着

兴尽晚回舟,
误入藕花深处。

词中女主人进入情绪高潮时，小令却戛然而止，给人们留下了充分回味的余地。

这两首词中所写的人物形象，显然是少女李清照的形象。可以看出，青少年时代的李清照，是十分天真活泼、十分幸福欢乐的。她那时的作品，丝毫没有无计排遣的愁绪和哀世伤时的悲情，而是洋溢着欢快的青春旋律。有的学者认为，李清照的《怨王孙》写的是大明湖，《如梦令》写的是溪亭泉，并由此推论，李清照青少年时代是在济南生活的。这一推论虽可聊备一说，惜无文献依据。

李清照这两首词在社会上流传时，许多人并不知道它们出自礼部员外郎李格非的女儿之手，人们只知道它们的作者是一个自称"易安居士"的人。当然，人们更不会想到，这"易安居士"原来就是李清照。李清照因《浯溪中兴颂诗和张文潜》二诗轰动诗坛以后，人们才逐渐知道，曾写过那么好的小词的"易安居士"，原来正是李格非的女儿李清照。

"易安居士"是李清照为自己取的号。中国古代文人，除了名和字以外，往往还要取一个号。如苏轼字子瞻，号东坡居士；陆游字务观，号放翁；辛弃疾字幼安，号稼轩；等等。在李清照之前，女文人多半有字无号，如蔡琰字文姬，薛涛字洪度等。而李清照偏偏为自己取了一个号，而且这个号取得竟如此男性化，这不能不让人们感到有些奇怪。其实，只要全面考察李清照的一生，了解了她的性格特点，对此也就不会有什么奇怪的了。清人李调元在评价李清照词的艺术成就时用了"不徒俯视巾帼，直欲压倒须眉"的评语（见李调元《雨村词话》卷三），这一评语，恰恰也是对李清照个性的概括。李清照虽身为女子，但事事处处不甘落男子之后，她的性格特点中是明显具有男性气质的。

李清照对自己的"成名"似乎并不怎么在意，她还像往常一样十分有规律地生活着。李格非则有意识地经常带回一些传抄的名家新作，让李清照及时了解当时的诗词创作动态，这大大拓展了李清照的识见范围，同时也进一步激活了她的创作灵感。

有一天夜里，李清照做了一个奇怪的梦。梦中，她乘着一只小船在云海遨游，连天云雾像波涛滚滚，银河群星似千帆竞奔。恍惚间，她来到了天宫，天帝热情地接待了她，问她道："你这是打算到哪里去呀？"她说："我也不知道，反正路长着呢。"天帝又问："你不就是汴京城里那个很会写诗的李清照吗？"她说："会写诗又怎么样？能写出再多惊人的诗句又有什么用呢？"忽然一阵浓雾袭来，她的小船突然从天上跌了下来……李清照惊醒了。

惊醒后的李清照再也睡不着了，披上衣衫后，她点燃蜡烛，写下了一首《渔家傲》词，题名为《记梦》：

天接云涛连晓雾，星河欲转千帆舞。仿佛梦魂归帝所，闻天语，殷勤问我归何处。

我报路长嗟日暮，学诗谩有惊人句。九万里风鹏正举。风休住，蓬舟吹取三山去！

李清照在词中借记述梦中所遇，表达了自己那自信自负的情怀和对现实社会的不满。在词的最后，李清照借大鹏自喻，表示要像大鹏那样，乘风展翼，高飞远举。她面向天地大声疾呼："风不要停下来啊，让那强劲的大风把我理想的风帆吹到那神仙聚居的海上仙境中去吧！"

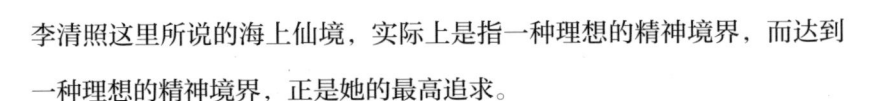

李清照这里所说的海上仙境，实际上是指一种理想的精神境界，而达到一种理想的精神境界，正是她的最高追求。

作为一名女词人，李清照以写委婉缠绵的作品见长，这首《渔家傲》在李清照的作品中却独树一帜，它改浅唱低吟为引吭高歌，以豪言壮语抒豪情壮志，神奇的想象与豪放的情怀交织成一首高亢的壮歌。

清人黄蓼园在评说该词时，称之"无一毫钗粉气"（见《蓼园词选》）；梁启超也说："此绝似苏辛派，不类《漱玉集》中语"（见《艺蘅馆词选》）。人们从这首词中也可以看出，李清照性格中确实是兼具刚强豪放的一面。

公元1100年，中国政坛上换了一名皇帝；中国诗坛上跃起了一颗新星。后来写中国历史的人，都不会忘记这个宋徽宗，因为他与"腐败"和"耻辱"这两个中国人民最痛恨的字眼紧紧地连在了一起；后来写中国历史的人，也不会忘记李清照，因为她对中华文化发展做出的贡献是不朽的，她是一颗永远放射着璀璨光芒的明星。

第二章

结缡东京

在诗坛名声大振的李清照，引起了人们广泛的注意。一位和李清照生活在同一个城市里的青年，被李清照的才华深深吸引住了。他就是太学生赵明诚。

赵明诚是时任礼部侍郎赵挺之的儿子。赵挺之，字正夫，密州诸城（今山东诸城）人，治平二年（1065）进士，最初曾任登州教授、德州通判等职。神宗朝时，赵挺之是王安石变法的积极响应者。在德州任通判时，他就积极奉行王安石新法，当时受到了同在德州任职的"苏门四学士"之一黄庭坚的抵制。赵挺之为此得罪了变法反对派苏轼等人。后来，苏轼把对王安石变法的不满发泄到执行者赵挺之身上，认为赵"聚敛小人，学行无取"。赵挺之不甘心被人攻讦，一有机会便予以反击。例如担任监察御史后，赵挺之上奏弹劾苏轼"民亦劳止"之语是诽谤先帝，苏轼说"以此知挺之险毒"。面对攻击，苏轼再三恳请辞官，朝廷允其所请，苏轼出任杭州太守，离京而去。元祐四年（1089），变法派人物章惇、吕惠卿、沈括、赵挺之等人被旧党反戈一击，赵挺之被外放徐州、楚州，两年后才回京出任了国子司业。由王安石变法所引发的变法派与反变法派的斗争，持续半个多世纪，直到南宋高宗朝时才告了结。而赵挺之，当时在这场政治斗争中，恰恰是一名处于风口浪尖上的人物。直到哲宗绍圣年间，赵挺之才算在京中稳住了脚跟，以太常寺少卿权礼部侍郎，后改礼部侍郎，为中书舍人兼侍讲等职。

十分热衷政治斗争的赵挺之，其"人缘"实在不佳。例如，北宋著名诗人陈师道的夫人郭氏与赵挺之夫人为同胞姐妹，也就是说，赵、陈两人系连襟。陈师道晚年十分穷困，他住在郊外，冬天连件棉衣都没有，他的夫人便去赵家借了一件让他穿。陈师道问这棉衣是从哪里借

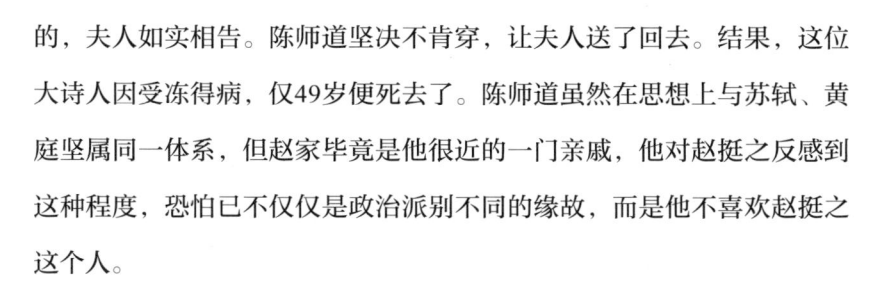

的，夫人如实相告。陈师道坚决不肯穿，让夫人送了回去。结果，这位大诗人因受冻得病，仅49岁便死去了。陈师道虽然在思想上与苏轼、黄庭坚属同一体系，但赵家毕竟是他很近的一门亲戚，他对赵挺之反感到这种程度，恐怕已不仅仅是政治派别不同的缘故，而是他不喜欢赵挺之这个人。

赵明诚是赵挺之的小儿子，他有两个哥哥，大哥名存诚，二哥名思诚。由于赵挺之一直忙于官场奔波，赵明诚兄弟三人从小接受的教育多半来自母亲郭氏。郭氏知书达礼，能说会道，对赵明诚兄弟要求十分严格。因此，赵家兄弟虽出身高门，却不像一班纨绔子弟一样沾染诸多不良习气，他们个个用心学业，有上进心。特别是小儿子赵明诚，不仅念书认真，而且为人性情宽厚，少年老成。与赵挺之怨隙极深的陈师道便十分喜欢他的这个小外甥，他在一封给黄庭坚的信中曾写道："正夫有幼子明诚，颇好文义，每遇苏黄文诗，虽半简数字必录藏，以此失好于父。"（《与鲁直书》）为什么如此好学的赵明诚却会"失好于父"呢？也许是因为赵明诚太厚道了，赵挺之不喜欢他身上那股"书呆子"气吧。

赵明诚从小就爱好收藏金石刻。所谓金石刻，就是古代青铜器和石碑上所刻文字的拓片。赵明诚的这一爱好，与赵挺之极喜爱收藏有关。赵家不仅收藏了一大批金石刻，而且还有许多古器、字画等。早在德州时，赵挺之就经常约了黄庭坚等人到他家欣赏他的收藏。耳濡目染之中，小明诚亦渐渐培养起了兴趣。后来，赵明诚不但逐渐学会了欣赏，而且逐渐对金石学研究入了门，并从而确定为自己毕生的追求。赵明诚也爱读诗词，他尤其喜欢读苏轼的作品，有时候也试着写上几首，但自己总不满意，因而也从不示人。

当赵明诚升入太学的时候，他已经成为一名在金石学方面颇有造诣的青年学者了。为了广泛收集资料、增长见识，赵明诚拜访过京城许多藏品丰富的人和富有学识的人。当时，李格非与赵挺之二人虽然分属不同的政治派别，但没有明显的私利冲突。对李格非的人品、才学，赵明诚是十分敬佩的。所以，赵明诚也经常去拜访李格非。

赵明诚清楚地记得一天去拜访李格非的情形：在门房通报姓名之后，李府家人引他到倒座小客厅稍坐，然后便进内院去了。不一会儿，李府家人说老爷正在内书房等候，便引他沿抄手游廊向后院走去。后院大槐树下，一个少女刚刚荡完秋千，正在那里一边整衣一边擦汗，见有生人进院，她慌得连鞋子也顾不上穿，只穿着袜子一溜小跑躲开了。赵明诚眼尖，这一切早看在了眼里，但他装作没看见的样子，低头跟在家人身后向内书房走去。快走到内书房门口时，赵明诚下意识地回头看了一眼，只见那少女正倚在自己房门前向他这边看呢。两人目光相对的一刹那间，那少女伸手扯过门前老梅的一枝，低头嗅起了青梅，因害羞而飞红的脸马上被遮住了一大半。赵明诚心中不禁暗暗一笑，仍装作没看见，进了李格非的书房。

这次拜访，赵明诚获益匪浅，他从李格非那里确确实实学到了不少东西。这次拜访，赵明诚还有一个收获，就是他意外地见到了早有耳闻而且心仪已久的李家才女李清照。回家之后，很长一段时间里，赵明诚眼前总晃动着李清照的身影，那匆忙回避的神态、那轻盈跑动的身姿、那天真含情的目光，特别是那以嗅青梅作掩饰的调皮劲儿和机灵劲儿，都让赵明诚念念不忘。赵明诚早就读过李清照的词，前不久又读到了她

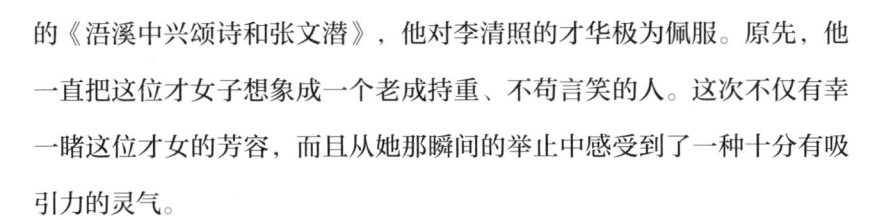

的《浯溪中兴颂诗和张文潜》，他对李清照的才华极为佩服。原先，他一直把这位才女子想象成一个老成持重、不苟言笑的人。这次不仅有幸一睹这位才女的芳容，而且从她那瞬间的举止中感受到了一种十分有吸引力的灵气。

过了不久，赵明诚又读到了传抄的署名易安居士的新词，那是一首《点绛唇》。该词写道：

蹴罢秋千，起来慵整纤纤手。露浓花瘦，薄汗轻衣透。

见客入来，袜刬金钗溜。和羞走，倚门回首，却把青梅嗅。

赵明诚把这首词读了一遍又一遍，那天在李府所见到的李清照的身影总是在自己眼前晃动。他知道，李清照已走进自己的心里了。

赵明诚决心要娶李清照，他觉得能有李清照这样的人做他的终身伴侣，是他最大的幸福。可是，这事怎么提起呢？赵明诚知道，父亲和李格非虽然表面上还算和气，但二人毕竟是存有芥蒂的啊。倘直来直去指名道姓地向父亲提出娶李清照为妻，岂不让父亲笑话？再说，一旦父亲一口否决了怎么办？想来想去，聪明的赵明诚终于想出了一个好办法。

一天，赵明诚见父亲情绪很好，便在跟父亲聊天时说，有件怪事要请教父亲。赵挺之问他什么怪事，他说，昨天夜里他做了一个梦，梦中他到了一个山清水秀的好地方，在那里遇到了一位老道士，老道士给他相过面后，念了一偈便忽然不见了。赵挺之问："他那偈是如何说的？"赵明诚故作回忆一番后不紧不慢地说出："心系金石，言与司合，安上已脱，芝芙草拔。"然后，瞪着眼睛盯着父亲，像是在急切地等待父亲的解答。赵挺之拍着脑门想了半天，说："这'心系金石'好解，你不是从小就喜爱金石刻吗，看来你这辈子是扔不下了。只是这'言与司合，安上已脱，芝芙草拔'三句，实在难解……"此时，一直在一边替儿子琢磨偈语的郭氏忽然拊掌大笑起来。她说："你们爷儿俩啊，纯粹是一对书呆子。这'言与司合'，不是一个'词'字吗？'安'字脱去上部，不是'女'字吗？'芝芙'都把草头去掉，不是'之夫'吗？人家那道士是说，咱明诚该是'词女之夫'呢！"赵挺之恍然大悟，连连点头说："嗯，有道理，有道理。"赵明诚心中暗暗一喜，但他仍然装作十分不解地问父母："那么，他说的这个词女会是谁呢？"赵挺之略作沉思后说："当今能称得上是词女的，只有李员外郎家的闺女李清照了。改日我托个媒人，去要了她的八字来，看看与明诚合不合。要是合的话，咱就去提亲。"这件事情就这么定了。

　　回到自己的房间后，赵明诚高兴得一宿没睡着。他既因为自己在父母面前成功地耍了一次小聪明而高兴，也为有望与李清照结合而高兴。

　　事情的进展一切顺利，赵明诚与李清照八字正合。再说李格非对赵挺之的这个小儿子印象颇好，征求李清照意见时女儿又说"一切由爹爹做主"，显然女儿是同意的。这样，没过多久，赵、李两家的婚事就算说定了。公元1101年（宋徽宗建中靖国元年），太学生赵明诚与李清照成亲了。

　　嫁到赵家之后，李清照过了好长时间才适应了初为人妇的生活。一是赵家人多规矩也多，李清照要有一个熟悉环境和适应规矩的过程。二是公爹赵挺之整天一脸严肃，婆母郭氏也很爱在媳妇面前端架子，李清照不能像在自己家里当闺女时那么随便，举止总得收敛一些。三是按当时规定，赵明诚必须住在太学，只有每月的朔日（初一）和望日（十五）时，才能请假回家，住一天就要匆匆返回太学。李清照虽然很爱她的丈夫，但是二人见少离多，多半时间是她一人独守空房。所以，新娘子李清照的生活比结婚前更寂寞、更单调。她整天盼着丈夫回家，十多天后，丈夫回来了，二人亲亲热热地过一天，丈夫又匆匆离去了。留给李清照的除了甜蜜的回味之外，更多的是苦涩的相思。好在赵家藏书极多，并且是许多极为难得的古籍，有些在当时已属价值不菲的珍贵文物了。李清照在赵家的书房里大开了眼界，尤其那些世上已难得一见的书，深深地吸引了她。已经嫁为人妻的李清照，更多的日子是以书为伴度过的，如果没有那么多的书，她的日子就更难挨了。不过，虽然读书可聊以度日，但仍然不能排遣她对丈夫的苦苦思恋。

　　赵明诚也很爱他的妻子，每次请假回家时，他都要拐到大相国寺去逛逛。当时的大相国寺每月五次开放供百姓交易，成为十分繁华的集市。大相国寺大殿后边的资圣门前，是文物古籍摊位最集中的地方，赵明诚每次都是直奔资圣门，在那儿仔细寻访，一旦发现有价值的碑帖、字画、古器等，便跟卖主讨价还价一番，然后买下。赵明诚身上的零花钱并不多，可是每次选购了可心的文物后，他都会留下一点钱，到寺门外糖果摊上为李清照买些时鲜水果或者麻花、松子之类零食，带回家让妻子吃。本来在娘家为闺女时，这些东西李清照是可以随便吃的，想吃什么还可以让家人出去买来。嫁到赵家后，就不那么随便了。赵明诚体谅李清照的处境，所以，他每次回家时都忘不了给李清照带些她爱吃的东西回来。

李清照

已经嫁为人妻的李清照，更多的日子是以书为伴度过的。

每次赵明诚回家后，第一件事就是向李清照展示他新买来的碑帖、字画等。夫妻二人一起欣赏够了，他才仔细地收起来。第二件事就是向李清照讨她的新作。这时，李清照总是高高兴兴地把早已誊抄好的新作拿来，让丈夫品读，有时候她还会亲自念给丈夫听。二人情趣相投、志同道合，相互之间有说不完的话。当然，他们也常常会发生争论，这多半是发生在对某个问题有分歧的时候。有时候他们争得谁也说服不了谁，甚至赌气互相不再理睬，可是过不上一个时辰，两人便又和好如初了。

春末夏初的一个朔日，头一天晚上，忽然刮起了大风，接着落下了稀疏的大雨点。李清照担心这风雨一时停不下，明天丈夫回不了家，愁得闷头喝了几口酒，借着几分醉劲才睡着了。第二天一大早，李清照醒来时已风住雨歇了。她斜倚在枕头上，见丫鬟正在窗前将窗帘卷起，便问道："院里那棵海棠经这一宿折腾，现在怎么样了？"那丫头朝窗外瞧了一眼，漫不经心地答道："还是那老样子啊。"李清照说："不对吧？你再仔细瞧瞧。"然后她没再说什么，穿衣下床梳洗去了。

赵明诚按时回来了，不过他却让李清照大吃一惊。只见他怀里抱着一大包东西，可是身上的长衫却没有了，只穿着一件短衣。李清照正待要问丈夫发生了什么事情，赵明诚已把抱回的东西摊在方桌上，乐呵呵地讲了起来。

原来，今天他在大相国寺一个出摊的老头那儿发现了一幅米芾写的条幅，那可是一件极为难得的宝物啊。一打听价钱，他傻眼了，身上带的钱远远不够。那老头偏偏又不肯降价，弄得赵明诚走又舍不得，买又买不起。他本想回家取钱再回来买，又一想，这等难得之物，说不准在自己离开时会被别的识家买走，那自己岂不会后悔？情急之中，他一下子脱下了身上的长衫，跑到当铺当了一些钱，回来把那幅米芾真迹买下了。剩下的钱，照例给李清照买了干鲜果品等。

赵明诚极为得意地展开了那轴条幅。李清照打眼一看，禁不住"啊"了一声。赵明诚一边指点着与李清照共同欣赏，一边告诉李清照：当朝四大书法家中，苏轼、黄庭坚、蔡襄的字，他们家都有收藏，就缺米芾的了。这米芾，书法得晋人王献之笔意，超妙入神，自成一派。但此人行止违世脱俗，脾气太怪，一是有洁癖，世人传称他为"水淫"；二是书法极少外传，求他的字很难，连赵挺之这样的人也没能求到一幅。没想到本来是踏破铁鞋无觅处，今天却"得来全不费工夫"。李清照嗔了赵明诚一眼，说："还不费工夫呢，连外衫都没有了。"赵明诚低头一看，哈哈大笑起来，连连说："值得！值得！"

李清照对米芾也是久仰大名，她知道，米芾不但是大书法家，也是一名大画家。此人脾气据说有些怪，反正世人都称他为"米颠"，父亲李格非曾多次谈到过米芾，对他的字和画评价极高。不过，米芾真迹，这也是她第一次见到。她见赵明诚兴犹未尽，还想向她大讲米芾，便止住了他，说："我今天起床后刚写了一首小令。怎么样，指教指教？"说罢，她便去里间拿出一纸诗笺，交给了赵明诚。赵明诚见第一行写的是"调寄如梦令"，便轻声读了起来：

昨夜雨疏风骤，浓睡不消残酒。试问卷帘人，却道海棠依旧。知否，知否？应是绿肥红瘦。

读完最后一句，只见赵明诚两眼盯着那几个字竟呆住了，嘴里仍不断地念叨着："绿肥红瘦、绿肥红瘦……"忽然，他一拍大腿说："好啊！你这首《如梦令》该能称得上词苑杰作了，它是至今我读到的你的词作中最棒的一首。你把海棠叶子经雨淋后显得更鲜润了说成是'绿肥'，把风吹雨打后衰微了的花儿说成是"红瘦'，真是神来之笔啊！"

这一天，赵明诚十分高兴，不仅因为自己买到了米芾的条幅，更因为读到了妻子那语新意隽的新词《如梦令》。

就在李清照结婚这一年，公爹赵挺之任御史中丞，后迁任吏部尚书。第二年五月，任尚书右丞（即副相），八月，转为尚书左丞（左相）。正当赵挺之春风得意的时候，李清照的父亲李格非却开始遭遇不幸了。

事情还得从朝中两派的政治斗争说起。

自王安石变法以来，朝中新旧两派的斗争一直未间断。在政治这块翘板上，两派各据一端，你上我下，交替升降，朝政在两派的争来夺去中形成了极大的内耗。宋徽宗登基不久，起用蔡京为相。这蔡京是个十分善于政治投机的人物。当初他追随过王安石变法，司马光执政后，他又积极参与破坏新法，章惇为相恢复新法时，他又转而依附章惇。如今，他当上了丞相，便打着推行"新政"的旗号，大肆结党营私，网罗童贯、王黼等人结为死党，控制了朝政。

就在赵挺之升为尚书右丞两个月后，在蔡京一伙的策动下，朝廷将

李清照

28

赵明诚与李清照探讨诗词。

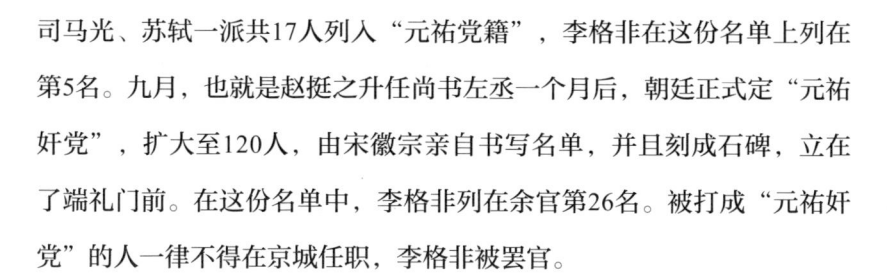

司马光、苏轼一派共17人列入"元祐党籍",李格非在这份名单上列在第5名。九月,也就是赵挺之升任尚书左丞一个月后,朝廷正式定"元祐奸党",扩大至120人,由宋徽宗亲自书写名单,并且刻成石碑,立在了端礼门前。在这份名单中,李格非列在余官第26名。被打成"元祐奸党"的人一律不得在京城任职,李格非被罢官。

　　本来是亲家的赵、李两家,在这残酷的政治斗争中也疏远了。赵挺之生怕与"元祐奸党"划不清界限,不敢再与李格非来往,而李格非也有志气,并不找赵挺之帮忙。李清照比她父亲还着急,每次赵明诚回家,她都缠着他让他想想办法。赵明诚哪里有什么好办法呢?他曾想到找父亲谈谈,请父亲在朝中为岳父求求情,可是他不敢。他深知父亲的为人,找父亲谈这种事情肯定要碰钉子。他甚至想到背着父亲去找找赵挺之的同僚,可是他也没敢,他知道事情一旦暴露之后,父亲绝对饶不了他。看着妻子那着急的样子,他除了好言劝慰之外,没有别的办法。

　　李清照却不甘心,她决定自己出面去向公爹求情,只是她轻易见不到赵挺之的面。她怕时间拖久了事情更不好办,便写了一首诗让人转给了赵挺之。这首诗可惜没有流传下来,从宋人的有关文献中,后人只找到了一个断句,即:"何况人间父子情"。

　　没有任何政治斗争经验的李清照,并不知道政治斗争是何等的残酷,她对公爹抱的期望太高了。这首救父诗送出之后,如同石沉大海,没有任何消息。当然,赵挺之不可能没看到李清照的诗,只是他不想管这份"闲事"罢了。在政治斗争漩涡中经历过浮浮沉沉的赵挺之,不愿意为了一个"奸党"毁了自己的政治前程,他首先要保自己。而对"奸党"的奋力打击,恰恰正是对自己的最好保护。他是很会权衡利害关系的，他绝不会为自己儿媳的请求去冒一丝政治风险。

　　李清照彻底失望了。李格非与被列入"元祐奸党"的其他人一样，离开了京城。转过年来四月间，赵挺之转任中书侍郎，九月又转任门下侍郎，虽然仍属副相，但位置越来越显要，权势也越来越大了。公爹的显耀并没有让李清照感到多么高兴，她甚至有些瞧不起公爹了。这一年，她又作了一首诗呈送给赵挺之。这首诗后来也失传了，今天可见到的也只是一个断句，就是："炙手可热心可寒"。

　　自从李格非被赶出京城之后，李清照的心情一直不太好。政治这把利剑，在李清照的心灵上留下了深深的创伤，也使她与赵明诚爱情的根基受到了第一次冲击。赵明诚比李清照更了解父亲赵挺之，在感情与利益的天平上，他认为父亲站在利益一边是理所当然的事情。虽然他从未在妻子面前为父亲的做法辩解过，可是李清照已经觉察到，自己的丈夫虽然在许多方面与公爹不同，但他也明显地继承了赵挺之的一些缺点——他毕竟是赵挺之的儿子。小两口在表面上还像过去一样，平平和和地过着日子，可是两个人的心中却隔上了一层纸。

　　一次，赵明诚回家后，照例向李清照索要新作。李清照这次给他的是一首《行香子》，词中写的是：

　　　　草际鸣蛩，惊落梧桐。正人间天上愁浓。云阶月地，关锁千重。纵浮槎来，浮槎去，不相逢。

　　　　星桥鹊驾，经年才见，想离情别恨难穷。牵牛织女，莫是离中。甚霎儿晴，霎儿雨，霎儿风。

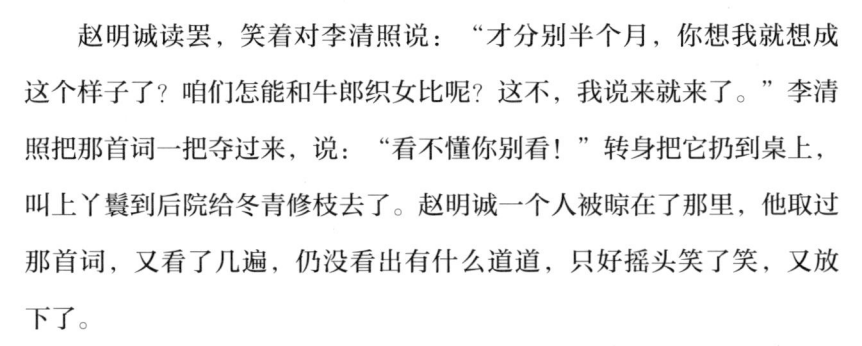

赵明诚读罢，笑着对李清照说："才分别半个月，你想我就想成这个样子了？咱们怎能和牛郎织女比呢？这不，我说来就来了。"李清照把那首词一把夺过来，说："看不懂你别看！"转身把它扔到桌上，叫上丫鬟到后院给冬青修枝去了。赵明诚一个人被晾在了那里，他取过那首词，又看了几遍，仍没看出有什么道道，只好摇头笑了笑，又放下了。

其实，李清照作这首词的本意并不在于写相思，她要表达的是这样一种意思：就像乍起的秋风令蟋蟀哀鸣、桐叶惊落一样，政治风云的突变，也把一对恩爱夫妻变成了像牛郎织女那样远隔重阻的人。虽然天河上有浮槎（木筏子）来来往往，但是牛郎织女却难得相逢。人间的那一对呢？同样也是"愁浓"。牛郎织女每年只能在鹊桥上见一次面，可是，风云变化无常，谁能保证七夕那天一定是个好天气，他们一定能顺利见上面呢？李清照该词用心良苦之处，在最后三句——"甚霎儿晴，霎儿雨，霎儿风"。她是在借自然界的天气变化，隐喻政治风云的变幻无常。她也想用这种方法给赵明诚提个醒：政治风云如此无常，说不准明天又会怎么样呢！

这些意思，赵明诚都没有看懂，因为他正得意着呢——他听说，不久他就要离开太学去做官了。在当时，一般做官是要有"出身"的，即要考上进士才能做官。少数人可以例外，即可以享受"祖荫"（指父、祖辈对朝廷有重大贡献的，后辈可予特别照顾）。赵明诚的大哥存诚、二哥思诚都是进士，唯独他不是。他要做官，就只能靠沾父亲的光了。果然，不久他就离开太学当官了，那是在崇宁二年（1103）他23岁、李清照20岁的时候。至于赵明诚最早担任的是什么职务，因史无记载，我们不得而知。

当了官的赵明诚虽然有了一笔不错的收入，但日子过得仍然很紧巴。他和李清照把钱多半用于收购金石刻和名贵书画、古籍、古器了。为了尽量节省，李清照竟穿起了粗布衣服。经过日积月累，赵明诚收藏的文物已相当可观了。

有一天，一位古玩商登门拜访了赵明诚，说他有一件稀世珍宝要出手，汴京城里有钱的人不少但识货的人不多，好货自然要卖与识家云云。等那人将他的"货"取出，赵明诚一看便惊呆了。那是一幅五代南唐人徐熙画的《牡丹图》。此画一改前人画花木先用细笔勾勒然后填彩晕染的画法，而是用粗笔弄墨，草草写出枝叶萼蕊，怒放的牡丹花朵用彩色画出，色不碍墨，不掩笔迹。赵明诚知道，这是徐熙首创的"落墨花"画法。徐熙以画花鸟而闻名画坛，他的画多为宫廷收藏，传世不多。后人将徐熙与后蜀画家黄筌并称为"徐黄"，有"黄筌富贵，徐熙野逸"之评。这幅《牡丹图》被那古玩商称为"稀世之宝"，并非夸大其词，它确确实实是难得之物。

赵明诚有些爱不释手了。问那人价钱，那人开价二十万钱，而且表示不能还价。二十万钱可不是一个小数，当时汴京城里的富家子弟也不是轻易就能拿出这么多钱的。赵明诚喊出妻子李清照，让她帮忙拿拿主意。李清照仔细看了那画之后，心想：这画二十万是值，可是自己家里确实没有那么多钱。她想了想，对那人说："能不能这样，先把画留下，让我们再想想办法？"那人说行，可是不能久留，第二天就要来听信儿。

这一天，赵明诚和李清照商量来商量去，能想的办法都想到了，怎么也凑不齐二十万钱。第二天，那人来把画取走了。赵明诚和李清照像丢了魂似的，一连好几天，夫妻二人一想起来心里就难受，连饭都没有心思吃。直到许多年以后，他们每想起此事都会感到惋惜。

李清照婚后第四年，即崇宁四年（1105）三月，赵挺之的官位升到了尚书右仆射（右相）兼中书侍郎。由于与左相蔡京不和，赵挺之多次请求皇帝让他退避。三个月后，他被免去了右相职务，以金紫光禄大夫的身份担任了一份闲职——观文殿大学士。所谓观文殿大学士，实际上就是皇帝的高级顾问。宋代官制，只有出任过丞相的人才能担任大学士。这年十月，赵家兄弟三人都升了官，赵存诚为卫尉卿（主管兵械、甲胄保管事务的长官），赵思诚为秘书少监（主管朝廷图书、实录、国史等事务的副长官），赵明诚任鸿胪少卿（主管典礼、礼仪等事务的副长官）。第二年二月，赵挺之请求退休回青州，呈文奏上后，恰恰那天天上出现了彗星，宋徽宗认为这是天意要留赵挺之，便又让他担任了右相，同时罢免了蔡京的左相。赵挺之干了不到一个年头，大观元年（1107）正月，蔡京忽然又当上了左相。赵挺之与蔡京少不了又有些磕磕碰碰。三月，他因病再次请求退职。宋徽宗这次答应了，授他特进观文殿大学士、佑神观使。赵挺之第二次从丞相要位上退了下来。不料，几天之后，赵挺之便因发急病而去世了，终年68岁。

正当赵家准备为赵挺之隆重地举办丧事的时候，一道晴空霹雳从天而降，几天前还极度显赫的赵丞相家，一下子遭遇了灭顶之灾。

原来，蔡京对老对手赵挺之一直耿耿于怀，赵挺之的死并没有结束二人的宿怨，他毫不留情地出手了。

就在赵挺之死后第三天，蔡京以有人举报赵挺之"结交富人"为名，下令把赵家兄弟及其在青州和开封的亲戚统统抓了起来。经过长达四个月的隔离审讯，蔡京没有得到任何有力的证据，七月才把被抓的人放了出来。蔡京的险恶目的没有完全达到，最后只是以曾经推荐过赵挺之的前丞相刘挚系"元祐党人"为由，给赵挺之加了个包庇"元祐奸党"的罪名，将他生前的官职褫掉了。当初没敢为亲家李格非说一句好话的赵挺之，死了以后，照旧背上了"力庇元祐奸党"的黑锅。

在赵家兄弟被捕入狱的那些日子里，李清照又急又愁。她和婆母郭氏四处奔走，为营救亲人出狱想尽了办法、跑断了腿。这期间，她备尝世态炎凉，官场诸人的各色嘴脸，使她看到了许多以前在书本中未曾看到的东西。虽然只有短短的四个月时间，李清照却一下子老了许多。当然，她也成熟了许多。

由于赵明诚是受父荫出仕的，赵挺之死后被夺官，自然要牵连到赵明诚，他也被罢官了。看破世事的李清照，在从牢狱接回赵明诚后就与丈夫商量，建议离开京城这一是非之地。她的想法与赵明诚正相合。他们决定回到山东青州去，在赵家故里（赵挺之原籍诸城，后迁居青州，故青州为赵氏故里）安安稳稳地过日子。

公元1107年（宋徽宗大观元年）的初冬，一辆篷车在寒风中离开了开封城。前不久飘落的一场小雪正在融化，路上十分泥泞，所以车子走得极慢。篷车里，并肩坐着赵明诚、李清照夫妻二人，好长时间他们谁都不说话。李清照在想，5年前，父亲李格非就是在这样一个日子里离开京城的，不知道他老人家现在身体怎样？弟弟李迒如今也不知在何处，是仍然跟随在父亲身边,还是在别处求学呢。前方就是山东老家了,故乡大明湖如今还不至于封冻吧?还有孩子在那儿划船吗?……赵明诚则在默默地回忆着这几年在京城的生活,回忆着在大牢里那四个月的折磨。

忽然,赵明诚像想起了什么,只见他眼睛一亮,说:"甚霎儿晴,霎儿雨,霎儿风——懂了,我现在才算是弄懂了!"他一把握住了李清照的手。李清照依然默默地坐着,什么也没说,只是感到被丈夫握住的手暖和多了。

第三章

屏居青州

青州，是中国古代传说中的九州之一。据《尚书·禹贡》记载，大禹治水后，把全国划分为冀、豫、雍、扬、兖、徐、梁、青、荆九州。西起泰山、东至大海的这片土地，为青州。青州建城始于汉武帝时，至北魏时城址已基本固定。宋时，青州是京东东路的首府，成了山东半岛的政治、经济、文化中心。青州物产丰饶，风光秀美，古迹众多，是李清照久已向往的地方。

赵家故宅在青州城西门外，几进院落顺阳河而建，雄踞于高台之上，虽皆为平房，远远看去却像楼宇。李清照乍到这里时，还来不及仔细欣赏附近景致。一应行李及盛放赵明诚收藏品的大箱小柜，已在家人押运下早早送到了。他们夫妻二人一落脚就忙着整理那些东西，将它们分门别类，各归其位。一切基本就绪之后，李清照才抽空到城里转了转。

这青州城虽然远远比不上京城开封，但也建得十分漂亮。尤其是青州民风古朴，市井繁华且有秩序，百姓安居乐业，一片祥和气氛，很遂李清照心意。更让李清照高兴的是，住在这里，远眺可见云门山秀色，俯察可见阳水清波，城若围屏，桥如跨虹，就像生活在画中一般。李清照提议为他们的新居取个雅号，赵明诚说："那就得看你的了。"李清照想了想说："陶渊明辞官归隐后作过一篇脍炙人口的《归去来兮辞》，当年我给自己取号时，就是从其中'审容膝之易安'一句中受到启发，取了'易安'二字的。如今你无官归里，咱们何不学学那靖节先生，在这里安安静静地过过舒心日子。我想，咱就叫'归来堂'吧。"赵明诚连连称好，立即提笔写下了"归来堂"三个正楷大字，请人用楠木制成堂匾，挂在了正厅。

回青州最初几年，赵明诚和李清照的生活平静得很，他们很少出门，真有点像是生活在世外桃源一样。赵明诚的精力都用在整理、研究金石刻上了，他决心编写一本比欧阳修《集古录》更有学术价值的金石学专著——《金石录》。李清照则成了丈夫的好助手，不仅帮赵明诚收集、整理资料，而且经常与丈夫一起分析、研究资料，赵明诚写成的文稿，也由她归类存放。

这期间，他们的生活显然不如在开封那么优裕了。为了充实收藏，他们只能节衣缩食，餐桌上从来没上过两个荤菜，也不再添置第二件绸衣，至于金银翡翠一类的首饰早就不佩戴了。每当赵明诚买回一部古书，他们便共同校勘，整理好之后再认真题签，按类别存放在大书橱里。对收到的字画、彝、鼎等文物，他们则共同欣赏，倘有疵病，一定逃不过他们的眼睛。渐渐地，似乎形成了一个规律，每天晚上，他们都要工作一气，直到一支长烛燃完才上床休息。

屏居生活看来好像是单调一些，其实不然。赵明诚、李清照夫妇是很会调剂生活的，他们的生活不仅十分充实，而且极有情趣。比如，差不多每天晚饭后，夫妻二人都有一个固定节目，那就是猜书斗茶。一般做法是：夫妻二人在归来堂先泡上一壶好茶，然后由一方出题目，问对方某典故或某名句出自哪本书，在第几卷、第几页、第几行。对方回答后，他们便找出该书予以验证，如果答对了，对方就有资格先饮第一杯茶；若答不对，出题的一方就算胜了，便先饮第一杯。

李清照的记忆力极强，一般问题赵明诚难不住她。所以，常常出现这样的情况：李清照猜中后，赵明诚不相信，待翻书验证后才不得不认输。每当看到赵明诚输了后那副尴尬的样子，李清照就感到好笑，往往是茶杯端在手中却笑得前仰后合，茶水泼洒一身，反而饮不成了。最后还是夫妻二人重新斟满，共同举杯品茶。当然，赵明诚也有赢的时候，只不过不如李清照赢得多。有时候，为了看妻子赢了后那副得意的样子，他也会故意输给妻子。当然这绝不能露出破绽，他知道倘被李清照识破，她反而会不高兴的。

李清照离开京城到青州后，她的词创作也进入了丰收期。随着生活阅历的丰富，她的作品质量也有了明显的升华。在屏居的最初几年里，李清照写得较多的是咏物词，词风由写景叙事寄情开始向咏物寓情转化。在她的咏物词中，写得最多的是咏梅词。丈夫赵明诚是她的作品的第一读者，听丈夫评说自己的作品，也是李清照的一件赏心乐事。

有一次，李清照作了一首《渔家傲》，这是她第一次写咏梅词，写好之后便迫不及待地念给赵明诚听了。词中写的是：

雪里已知春信至，寒梅点缀琼枝腻。香脸半开娇旖旎。当庭际，玉人浴出新妆洗。

造化可能偏有意，故教明月玲珑地。共赏金尊沉绿蚁。莫辞醉，此花不与群花比。

赵明诚听后细细品味了一番才说："自本朝以来，咏梅大兴。林逋一联'疏影横斜水清浅，暗香浮动月黄昏'，已把梅花写绝了，没想到你却能别出心裁。这'玉人浴出新妆洗'一句亏你想象得出，世上以花喻美人者多，以美人喻花者少，你这是在出奇制胜啊！只是这末句'此花不与群花比'，我倒要向你请教，其中寓有何意？"李清照说："历来咏梅重在寄托，清照不才，自然跳不出这一套路。至于寓有何意，那就只好凭读者自己去琢磨了。"赵明诚试探着问道："你是在把自己比作梅花？你不屑于跟'群花'一比？"李清照咯咯地笑了起来，说："凭你怎么想都行。"接着夫妻二人又谈起了林和靖。

这位林和靖先生是宋初诗人，本名林逋，字君复。他一生不做官，不婚娶，孤身一人隐居于杭州西湖孤山，以植梅养鹤为人生乐事，人称"梅妻鹤子"。"和靖先生"是他死后的谥号。林和靖以写咏梅诗见长，前头赵明诚引用的二句，就是他的咏梅名作《山园小梅》第一首中的颔联。梅花在诗人笔下一展芳姿，始自南北朝时期。到了唐代，虽然诗坛大家蜂起，但是咏梅之作并不甚多，当时诗人最热心吟咏的是牡丹。宋代开国之后，梅花引起了诗人的普遍关注，咏梅成了诗坛一代风气，而开风气之先者，正是林逋。也许是屏居故里的赵明诚境况与当年隐居孤山的林逋有些相似的缘故吧，所以他常常向李清照提起这位和靖先生。李清照也是十分景仰林逋的人品和诗才的，不过有时她却故意跟丈夫开玩笑，比如，这次当赵明诚又大谈了一番林逋后，李清照就对他说："你也一个人找个地方植梅养鹤去吧，老妻决不难为你。"赵明诚则说："好，好，明诚这就走，这就走。只是明诚不能娶梅为妻，只可纳梅为妾了。"说罢二人又是一阵哈哈大笑。

就这样，李清照与赵明诚在青州归来堂过着安静、清贫却又十分舒心的日子。在李清照的一生中，除了婚前那无忧无虑的少女时光，屏居青州的最初几年，是她心情最好的时期。这期间，夫妻二人朝夕相伴，恩爱相处，志趣相投。作为一个女人，还有什么能比沐浴爱的雨露和享受安定充实的生活更重要的呢？不过，李清照这段美满生活，大约只有四五年的样子。从政和初年（1111）开始，李清照的生活有了一些变化，那就是赵明诚经常离开青州，出外远行。青州归来堂，常常只有李清照一人夜伴孤灯了。

赵明诚之所以经常离家远行，主要是为了更广泛地收集金石刻，充实资料，以便把《金石录》编写得更完善一些。最初，他只在青州附近的州县活动；后来，又两次前往泰山；最远一次竟到了湖北嘉鱼。

赵明诚的多次远行，留给李清照的则是难挨的寂寞。每当丈夫收拾行装要出门时，李清照便六神无主了。丈夫走后，她的魂也像是被勾走了似的。她一天天数着日子，盼望丈夫早早归来。这期间，李清照的词创作无论在数量上还是质量上，都进入了高峰期。她的代表作中，许多是在这个时期创作的。

那一年初秋，赵明诚约了好友刘跂一起去泰山寻碑。送走丈夫之后，李清照彻夜未眠。一连几天，她都没着没落的。人一天天瘦了，终于，深深的离愁别苦转化成了难以抑制的创作冲动，她一气写下了两首脍炙人口的新词。这两首词是：

　　　　一剪梅

　　红藕香残玉簟秋，轻解罗裳，独上兰舟。云中谁寄锦书来？雁字回时，月满西楼。

　　花自飘零水自流。一种相思，两处闲愁。此情无计可消除，才下眉头，却上心头。

凤凰台上忆吹箫

香冷金猊，被翻红浪，起来慵自梳头。任宝奁尘满，日上帘钩。生怕离怀别苦，多少事、欲说还休。新来瘦，非干病酒，不是悲秋。

休休！这回去也，千万遍《阳关》，也则难留。念武陵人远，烟锁秦楼。惟有楼前流水，应念我、终日凝眸。凝眸处，从今又添，一段新愁。

从这两首词中可以看出，赵明诚为了事业不恋温情，虽然得到了李清照的理解，但毕竟给李清照的爱情生活蒙上了一层淡淡的哀怨色彩。词中塑造的思妇形象，实际上正是生活中李清照的化身。相思之情，特别是夫妻、情人之间的相思之情，是中国古代文学作品中的常见题材。李清照以女性作家的独特体验，感知到了这种铭心刻骨、难以消遣的情感，并用高超的艺术技巧表达出了这一情感。在《一剪梅》中，她淡淡起笔，一路写来，或融景于情，或景中寓情，意向或隐或现，时露时藏。至结尾处陡然一甩，让那缱绻的相思之情在一瞬间从外在情态的"眉上"消除，却又迅速地钻入了"心头"，使读者无不为之心中一动——读者在这里得到了强烈的情感感染和难忘的审美享受。《凤凰台上忆吹箫》与《一剪梅》有异曲同工之妙。词中女主人很想把心中的离愁别苦说出来，但她却不忍说出来；不忍说出来，却又无法释放和排遣。如此吞吐往复，恰切地揭示了一位思妇复杂的心理状态。值得注意的是，下片中自"休休"始，是隐含着对所思之人的责备之意的。对词中女主人心中的苦楚，只有"楼前流水"表示理解，那么，她所日思夜想的"他"呢？他现在在哪里？他也像词中女主人那样在想念着对方吗？他怎么就忍心让自己心爱的人一个人独守空房呢？在作品的结尾，词中女主人已是如痴似病了，"从今又添，一段新愁"，不仅进一步深化了主题，而且令读者回味无穷。

　　李清照把这两首词分别抄在两张上好的诗笺上，仔细收好。她要留给赵明诚，等他回来后让他好好看看。

　　然而赵明诚没有按时回来。临近重阳节时，跟随刘跂去泰山的书童一个人回到了青州，他是回来为刘跂和赵明诚取夹衣的，同时带回话说，赵明诚他们在外边还要多待些日子。

　　重阳节这一天，李清照从天亮到黄昏，几乎是掐算着钟点，一分一秒地熬过来的。当夜幕笼罩小院之后，她一个人在院里，面对黄菊闷闷地喝了几杯淡酒，随后又百无聊赖地回到了室内。她默默地坐在窗前，望着西南天空那弯弯的新月发呆。过了好久之后，她觉得该去睡觉了，才起身离开窗前。当李清照撩开纱帐，手刚触到那凉凉的瓷枕时，忽然心中同时一凉。她不自禁地摇了摇头，又回到了窗前。就这样，李清照像掉了魂似的又在窗前呆坐了好长时间，直到月亮在西天消逝，她还在那儿呆坐着……

　　第二天，李清照收拾了一包衣物交给刘跂的书童，烦他带给赵明诚。衣物里面夹着她昨晚刚刚写好的一首词——《醉花阴》。

　　借住在泰安好友陆德夫家里的赵明诚，很快便收到了李清照捎来的东西。当他打开包裹后，发现里面有一张诗笺，忙展开看起来。看后，他把那诗笺折叠好，揣到怀里，回自己房间去了。

　　其后一连三天，赵明诚没有出房门一步。陆德夫、刘跂知他是在用心写什么，也就没有打扰他。

第三天晚饭前，赵明诚终于走出了房门，他拿出一沓诗笺，对陆、刘二人说："瞧瞧，你们瞧瞧，这是明诚三天三夜作的51首《醉花阴》，请二位指教。"陆德夫和刘跋都大笑起来，说："原来你废寝忘食三日夜，就是为了写这些东西啊！"赵明诚拉着陆、刘二人非要他们看看他的作品，并且非要他们从中挑出最好的一首来不可。于是陆德夫便与刘跋一起仔细拜读起来。

陆、刘二人把51首《醉花阴》挨个看了一遍，然后又交换了一下意见，从里面抽出了一首。赵明诚急切地说："快念念，让明诚听听是哪一首。"陆德夫却不急不慢地说："你这51首《醉花阴》，只三句绝佳。"赵明诚又追着问道："快说，哪三句？"陆德夫扬了扬手中那张诗笺说："这三句是——莫道不销魂，帘卷西风，人比黄花瘦。"话音刚落，只见赵明诚苦笑了一下，对陆、刘二人说："看来明诚这三天三夜是白费力气了。"随后，他向二人说起了事情的缘由。

原来，赵明诚一读到李清照捎来的那首《醉花阴》，便吃了一惊。他知道，李清照这首词写得太棒了。他甚至敢说，这首词称得上思妇词中前无古人的绝唱。他本想马上把这首杰作念给陆、刘二人听的，可不知为什么，当时忽生一念，想起来要跟妻子比试一下。妻子的才华既让他佩服，又让他嫉妒，他就不信自己比不上一个妇道人家。于是，他便把自己关在屋子里，潜心构思，仔细琢磨，写了一首又一首《醉花阴》。三天工夫，一气写下了50首。然后，他又把李清照那首誊抄了一份，混在一起，故意让陆德夫和刘跋从中挑选最好的一首。他十分自信，觉得自己费尽心力作的这50首中，无论如何也会有一两首能胜过李清照的。可是，陆、刘二人挑选出的，恰恰就是李清照写的那首。

听罢赵明诚的叙说之后，陆、刘二人哈哈大笑起来。随后，他们又从头至尾把李清照的那首《醉花阴》念了一遍：

薄雾浓云愁永昼，瑞脑销金兽。佳节又重阳，玉枕纱厨，半夜凉初透。

东篱把酒黄昏后，有暗香盈袖。莫道不销魂，帘卷西风，人比黄花瘦。

然后，二人又评说了一番。陆德夫认为，"莫道不销魂，帘卷西风，人比黄花瘦"三句，不仅前无古人，而且肯定会成为千古名句。其美妙之处有三：其一，以帘外之黄花与帘内之思妇相比拟映衬，境况相类，形神相似，创意极美；其二，因花瘦而言及己瘦，以宾陪主，同命相恤，物我交融，手法甚新；其三，以人瘦胜于黄花，极含蓄地表达了凝重的离思，与词旨相合无间，给人以余韵绵绵之感。刘跂则认为，三句中"莫道不销魂"也别有妙处，正是此句，才使该词转折跌宕，激起波澜，骤然进入了高潮。当他们问赵明诚对李清照的《醉花阴》有何评价时，赵明诚只说了八个字："幽细凄清，声情双绝。"

陆德夫催赵明诚早些回去。刘跂也说出来时间不短了，该回去了。就这样，赵明诚和刘跂没再在泰山多住，几天之后，便回青州了。

赵明诚这次回家，没有像以往那样先是向李清照展示外出的收获，而是进门就问李清照这些日子还有什么大作。李清照取出早已写好的诗笺，计有《一剪梅》《凤凰台上忆吹箫》《蝶恋花》《浣溪沙》《临江仙》《鹧鸪天》等。赵明诚如饥似渴地读了起来。然后，他才取出在泰山访到的秦李斯小篆碑帖、唐高宗《登封纪号文》碑帖等给李清照欣赏。

熄灯之后，赵明诚对李清照说起他一连三天三夜废寝忘食写下50首《醉花阴》的故事，惹得李清照笑得上气不接下气，一边笑一边说："八成你那一阵子是犯傻了。论做学问，清照远不如你；可作这曲子词，你就差远了。"赵明诚说："自曲子词兴起以来，作思妇词者不计其数。上至公卿显贵，下至坊间歌女，何止成百上千？但真正唱出闺情绝调者，却是我们赵家的媳妇。"李清照打断他说："别耍贫嘴了，这还不是叫你逼的！"赵明诚说："也是，也是，明诚再也不敢扔下夫人外出了。不过明诚外出可都是为了正事儿，可绝没做过对不起夫人的事哟。"

赵明诚说归说，从那以后他仍时时外出，好在李清照也慢慢习惯了。

赵家的厄运并没持续多久。由于赵挺之夫人郭氏据理力争，朝廷最终为赵挺之恢复了名誉。就在赵明诚屏居青州的第二年里，他的两个哥哥便先后恢复了官职，九泉之下的赵挺之也得了一个"清宪"的谥号。又过了大约七八年，赵明诚也复职了。赵明诚复职的具体时间和复职后的职务是什么，史无记载。人们只知道，公元1121年（宋徽宗宣和三年），赵明诚已是莱州太守了。

赵明诚是何时当上莱州太守的，史无记载。1121年秋天，李清照才去了一趟莱州。至于赵明诚在外任职为何没带家眷，这还是一个谜。有研究者分析，赵明诚此时已有外室，李、赵二人在感情上已不像屏居青州时那样谐和。因为该说只是在分析李、赵关系蛛丝马迹之后的一种推测，并无确切根据，只能聊备一说。

李清照是八月初十到的莱州。她在一首题为《感怀》诗的小序中曾写到初到莱州时的情状：

> 宣和辛丑八月十日到莱。独坐一室。平生所见，皆不在目前。几上有《礼韵》，因信手开之，约以所开为韵作诗。偶得"子"字，因以为韵，作感怀诗。

从这则小序中可以看出，初到莱州的李清照是十分孤独的。等待她的，没有热情的欢迎，也没有温馨的关怀，眼前没有自己所熟悉的东西，更没有自己所熟悉的氛围。百无聊赖之中，她想起了作诗。可是作诗又实在没有什么好写的，于是便只好听天由命，随便碰上什么韵，就用什么韵来写。可见，她之所以要写诗，并非心中有感不发不可，而只是为了解解闷而已。李清照这首《感怀》诗是一首七律，这是流传下来的李清照所有诗词中唯一一首知道确切创作时间的作品。该诗写的是：

> 寒窗败几无书史，公路可怜合至此。
> 青州从事孔方兄，终日纷纷喜生事。
> 作诗谢绝聊闭门，燕寝凝香有佳思。
> 静中吾乃得至交，乌有先生子虚子。

诗的开头两句首先描绘了诗人所处的环境，寒窗败几、空无所有，从写生活环境反映出诗人的心境。然后诗人转入议论，对酒与钱这类世人皆为之吸引的东西表示了轻蔑。"喜生事"三字，在轻描淡写中将酒与钱之弊端做了深刻揭示。对此二物，诗人不用大加指责，亦不用着力扫除，只是用手轻轻地推开就是。其不屑一顾、嗤之以鼻之情状，跃然纸上。那么，诗人追求的是什么呢？是谢绝俗事纷扰，在赋诗填词中追寻"佳思"。这是一种超俗之举，但这种超俗不是自视清高，而是一种洁身自好。诗的最后两句照应开头，再次写空无所有，诗人在闲与静之中"得至交"，其傲世出尘的精神风貌得到了进一步的展示。

此诗虽是因闲而作，却绝非赋闲之篇，诗人的理想、情操、品格皆融于诗中，是一首较好的述怀诗。

赵明诚在莱州期间，加紧了《金石录》的编写工作。他将收集到的金石刻整理之后，每10卷束为一帙，每天忙完公务后，便取出校勘2卷，题跋1卷。在全书总计2000卷中，他便题跋了502卷。他在莱州的书房"静治堂"，夜夜明烛长燃。李清照来到之后，他又多了一个好帮手，工作进度更快了。

李清照在莱州也作了一些词，题材多为咏物、闺情。这些作品赵明诚都没仔细看过，可能是由于他太忙，也可能是别的什么原因。倒是李清照在青州写的一篇《词论》引起了他的注意。

李清照的《词论》，是她在青州时总结词的创作规律后写下的一篇词学理论文章。她把它带到莱州来，是因为有些问题自己还拿不准，需要进一步修订，同时也希望能先跟丈夫赵明诚探讨一下。这篇论文，涉及词史、词律、词家评价等诸多问题。文中从唐五代词的兴起写起，历评前代和当代词家，从而阐明了词的体性和特点。李清照通过论述诗与词的区别，提出了词"别是一家"的理论主张。她呼吁作词者要尊重词的创作规律，维护词的特性。在中国词学理论史上，此文第一个为诗词

立下了严分艺术畛域的界碑。这里我们不妨看一下该文的后半部分:

> 逮至本朝,礼乐文武大备。又涵养百余年,始有柳屯田永者,变旧声作新声,出《乐章集》,大得声称于世。虽协音律,而词语尘下。又有张子野、宋子京兄弟,沈唐、元绛、晁次膺辈继出,虽时时有妙语,而破碎何足名家。至晏元献、欧阳永叔、苏子瞻,学际天人,作为小歌词,直如酌蠡水于大海,然皆句读不葺之诗尔。又往往不协音律者何耶?盖诗文分平侧,而歌词分五音,又分五声,又分六律,又分清浊轻重。且如近世所谓声声慢、雨中花、喜迁莺,既押平声韵,又押入声韵。玉楼春本押平声韵,又押上去声,又押入声。本押仄声韵,如押上声则协,如押入声,则不可歌矣。王介甫、曾子固文章似西汉,若作一小歌词,则人必绝倒,不可读也。乃知别是一家,知之者少。后晏叔原、贺方回、秦少游、黄鲁直出,始能知之。又晏苦无铺叙;贺苦少典重;秦即专主情致,而少故实,譬如贫家美女,虽极妍丽丰逸,而终乏富贵态;黄即尚故实,而多疵病,譬如良玉有瑕,价自减半矣。

李清照在文中把有宋以来的词坛大家——从柳永到张先、宋祁、宋庠、沈唐、元绛、晁端礼、晏殊、欧阳修、苏轼、王安石、曾巩、晏几道、贺铸、秦观、黄庭坚——挨个批评了一遍。这些大家,竟没有一个是她满意的。她说柳永"词语尘下",说张先等"破碎何足名家",说王安石、曾巩的词"不可读也",说晏几道"无铺叙"、贺铸"少典重"、秦观"少故实"、黄庭坚"多疵病",连词坛泰斗苏轼等人的词,她也敢称之为"句读不葺之诗",并且批评其"往往不协音律"。

数点一下，除了主持大晟乐府的周邦彦之外，当代词坛名家差不多都被李清照点名批评了。

赵明诚在读过这篇《词论》后不仅感到吃惊，也暗暗有些担心，他担心这篇《词论》传出后会引起词坛诸家的不满。当他把这些想法婉转地透露给李清照时，李清照却不以为然。她说她对文中所列名家并无诋毁之意，只是在肯定他们成就的同时，指出了他们的不足而已。倘这些名家的缺点都克服了，那么，词也就更完美了。至于人们会对她的批评有何想法，会不会说她狂妄、偏执等等，她并不在乎，只要能把自己的词学主张说明白，她便满足了。赵明诚又问："那么，你呢？你的词是不是都做到了协音律、有铺叙、典重、有故实？"李清照笑了笑说："本人在努力去做，至于成也败也，只好留予后人评说了。"赵明诚说："你连东坡先生的词也一棍子打倒，不觉得有些过分吗？"李清照没有正面回答，反问赵明诚道："你不觉得东坡先生以诗入词，是对诗词艺术畛域的混淆吗？"赵明诚毫不退让，说："东坡先生以诗入词，使词耳目一新，有何不好？难道词只能唱得不可读得？难道非要在二者之间画一道鸿沟才好？"李清照说："你并没有完全理解我的本意，我只是为矫枉而过正罢了。"赵明诚仍不甘休，说："矫枉何必过正？再说，你所说的'枉'倒也未必真正是枉。"李清照说："没法跟你理论！你还是写你的《金石录》去吧。"赵明诚也急了，便一甩手走了。一场夫妻之间的学术讨论，就这样不欢而散。

李清照在莱州没住多久就回青州去了。莱州之行，对李清照来说是不甚愉快的一段日子，她与赵明诚之间的感情很明显出现了隔阂。至于其中原因为何，尚难做出肯定的结论。也许，专家们关于赵明诚此时已有外室的推测是有道理的。李清照回青州后作过一首《念奴娇》，该词如下：

> 萧条庭院，又斜风细雨，重门须闭。宠柳娇花寒食近，种种恼人天气。险韵诗成，扶头酒醒，别是闲滋味。征鸿过尽，万千心事难寄。
>
> 楼上几日春寒，帘垂四面，玉阑干慵倚。被冷香消新梦觉，不许愁人不起。清露晨流，新桐初引，多少游春意。日高烟敛，更看今日晴未？

从这首词中可以看出，此时李清照的心情确实不像前一段那么好。不过，她并没有绝望，从词的末句可以看出，她在经历过"种种恼人天气"之后，对未来还是寄有希望的。后来事情的发展果然像李清照所希望的那样，赵明诚与李清照的关系很快便出现了好转。

赵明诚在莱州任期届满后，转任淄州太守。淄州（今山东淄川）与青州相邻，从淄州到青州，骑马用不了一天时间。此时，赵明诚的《金石录》已基本上编完了，他把书稿存放在青州故居。只要一有空，他就回青州住上一段时间，一来为了修订他的《金石录》，二来也是为了李清照。

赵明诚在淄州任上，对收集金石刻和古器仍乐此不疲。这期间，他寻访到了唐代李邕撰书的淄川开元寺碑，做了拓片，并且加筑木栏将该碑保护起来。他还收集了两件珍贵文物，一是孟姜匜（音yí，古代青铜器，为洗手盛水的用具），一是平陆戈，都送回青州仔细保存了起来。

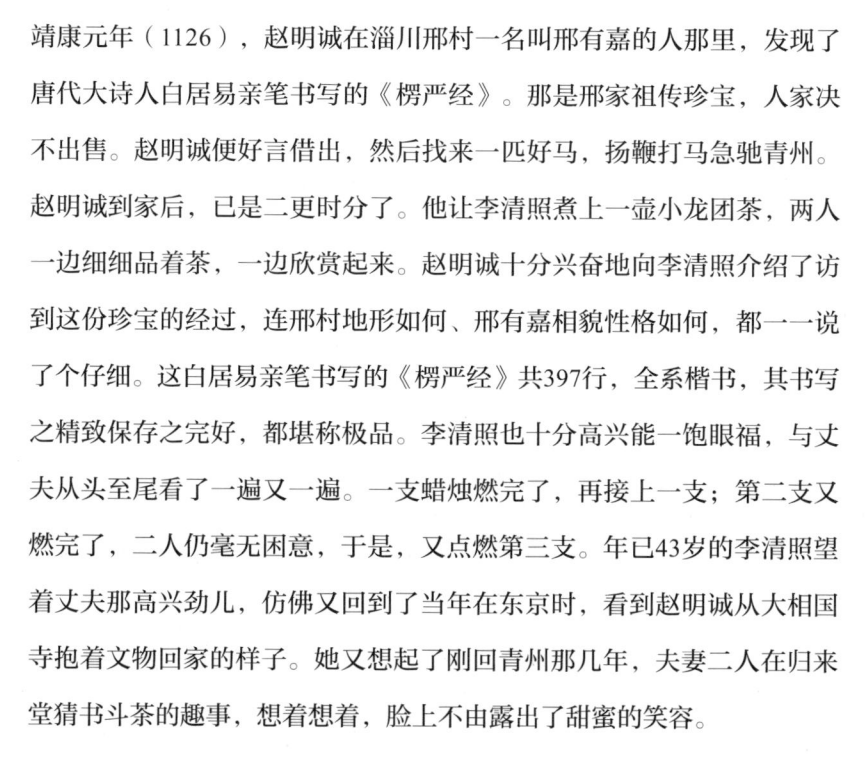

靖康元年（1126），赵明诚在淄川邢村一名叫邢有嘉的人那里，发现了唐代大诗人白居易亲笔书写的《楞严经》。那是邢家祖传珍宝，人家决不出售。赵明诚便好言借出，然后找来一匹好马，扬鞭打马急驰青州。赵明诚到家后，已是二更时分了。他让李清照煮上一壶小龙团茶，两人一边细细品着茶，一边欣赏起来。赵明诚十分兴奋地向李清照介绍了访到这份珍宝的经过，连邢村地形如何、邢有嘉相貌性格如何，都一一说了个仔细。这白居易亲笔书写的《楞严经》共397行，全系楷书，其书写之精致保存之完好，都堪称极品。李清照也十分高兴能一饱眼福，与丈夫从头至尾看了一遍又一遍。一支蜡烛燃完了，再接上一支；第二支又燃完了，二人仍毫无困意，于是，又点燃第三支。年已43岁的李清照望着丈夫那高兴劲儿，仿佛又回到了当年在东京时，看到赵明诚从大相国寺抱着文物回家的样子。她又想起了刚回青州那几年，夫妻二人在归来堂猜书斗茶的趣事，想着想着，脸上不由露出了甜蜜的笑容。

也就在这一年，赵明诚升了一级官。升官的原因，是淄川有些"逋卒"（逃亡的差役或士兵）造反，赵明诚镇压了他们，因而有功于朝廷。北宋末年，是一个官逼民反的社会，淄川的"逋卒"为何要造反？赵明诚又是如何镇压的？因史无详载，此难细述。总而言之，赵明诚此时正是官场得意的时候，李清照也是生活比较舒心的时候。然而，正在此时，一场巨大的灾难正在酝酿着。这场灾难既是国家的灾难、民族的灾难，也是李清照的灾难。这场灾难，是大宋王朝的统治者应该料到却没有料到的，也是李清照早已料到却极不愿其发生的。只是李清照没有料到，这场灾难会来得那么快，那么惨重。

第四章
家国变故

在中国古代史上，与"国耻"二字联系最紧密的年号，无疑是标志着北宋终结的年号——靖康了。这个取意为安定、安宁的年号，在中国历史上仅仅存在了一年零四个月。而这一年零四个月，的确是自秦始皇统一中国建立中央集权的王朝以来，一千多年间，令中国人感到最耻辱的一段岁月。这是社会板荡的岁月，也是改写一代王朝历史的岁月。对于李清照来说，这一段岁月也是她生活道路上的一个急剧的转折点。如果说，李清照此前的生活像荡漾在小有波澜的湖面上的小舟的话，那么可以说，在靖康年间时代的巨大动荡中，这只小舟亦被毫不留情地抛进了湍急险恶的汪洋之中了。

那么，在这号为"靖康"的一年零四个月中，在大宋王朝的历史上究竟发生了什么事情呢？

公元1126年1月，已当了二十几年皇帝的宋徽宗赵佶，将皇位禅让给了太子赵桓，是为宋钦宗。赵佶本人则被尊为"教主道君太上皇帝"。赵桓在登上龙座之际，为自己起了一个十分吉祥的年号——靖康。然而事与愿违，接踵而来的则是一系列的祸殃。钦宗登基没有几天，南侵的金兵便已打到了黄河北岸，与宋都汴京已是隔河相望了。河北岸的守军梁方平部早已溃散，河南岸守军何灌部在急匆匆烧掉河桥之后，也四散而逃了。消息传到宫中，最先慌了神的是太上皇赵佶，他急匆匆打点行装逃离了汴京。钦宗赵桓召集群臣商议对策，宰相白时中、李邦彦主张撤离汴京南逃，遭到了兵部侍郎李纲的严厉驳斥。钦宗罢免了白时中，任命李纲为尚书右丞、东京留守。几天后，金兵便在汴京西北渡过了黄河，并很快开始围城。由于李纲指挥守军坚决抵抗，金兵没能如愿攻下汴京，于是金帅斡离不提出议和。条件是，宋廷赔偿金子五百万两、

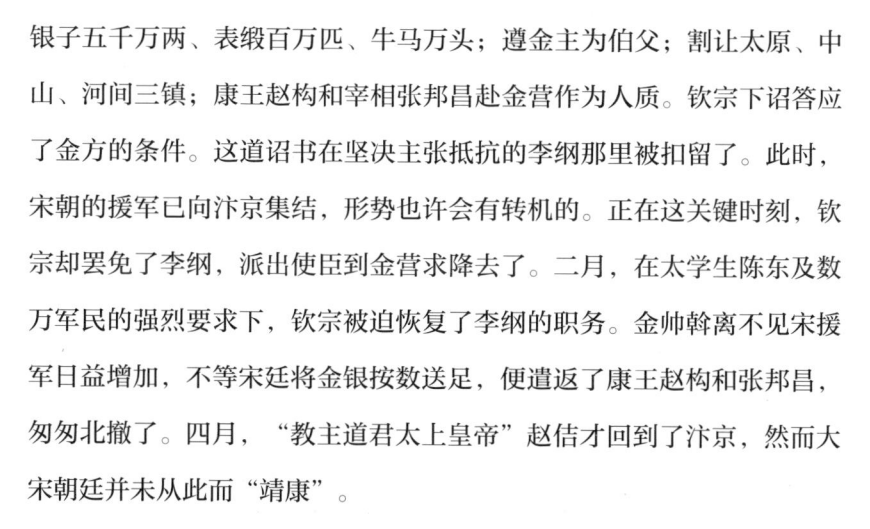

银子五千万两、表缎百万匹、牛马万头；遵金主为伯父；割让太原、中山、河间三镇；康王赵构和宰相张邦昌赴金营作为人质。钦宗下诏答应了金方的条件。这道诏书在坚决主张抵抗的李纲那里被扣留了。此时，宋朝的援军已向汴京集结，形势也许会有转机的。正在这关键时刻，钦宗却罢免了李纲，派出使臣到金营求降去了。二月，在太学生陈东及数万军民的强烈要求下，钦宗被迫恢复了李纲的职务。金帅斡离不见宋援军日益增加，不等宋廷将金银按数送足，便遣返了康王赵构和张邦昌，匆匆北撤了。四月，"教主道君太上皇帝"赵佶才回到了汴京，然而大宋朝廷并未从此而"靖康"。

这年秋末，金兵在养精蓄锐之后，又大举南下了。农历十一月，金帅斡离不和粘罕各率大军渡过黄河，再一次包围了汴京。闰十一月，汴京失守，此时钦宗皇帝不得不亲自出面去金营议和了。金人的条件更加苛刻，除了要求割让河北、河东之地，还要求赔偿金子一千万锭、银子二千万锭、帛一千万匹。而此时此地，钦宗皇帝却也只有点头应承的份儿了。

转眼便到了靖康二年。宋钦宗再度赴金营议和，然而他无论如何也没想到，此一去却永不得归了。正当钦宗在金营"谈判"的时候，金帅却指使宋将范琼，将徽宗赵佶、皇子、贵妃等人全部押送到了金营。大宋王朝的两代皇帝及其皇室在京成员，就这样统统成了金兵的俘虏。随后，金兵对宋都汴京进行了彻底的洗劫。直到三四月间，金兵才开始北撤。对于金兵来说，这次撤退无疑是一次凯旋，宋都的礼器法物、天文仪器、书籍地图、府库积蓄皆为金兵洗劫一空。在那长长的行军行列中，还有垂头丧气的两代大宋皇帝、无可奈何的后妃宗室，以及一大批官吏、内侍、宫女、技艺工匠、倡优等等。等待他们的将是漫长的北国的严寒和丧失了自由与尊严的囚居生活。荣华富贵从此在他们身边消失了，同时，他们也失去了人格，失去了国格。

同年五月，赵佶第九子康王赵构在南京（今河南商丘）即位，是为宋高宗，改元建炎，史称南宋。

当宋都发生的事情陆陆续续传到淄州时，太守赵明诚不禁忧心似焚，他不能不为国家的命运担心。大宋王朝自太祖赵匡胤开国迄今，盛盛衰衰已是一百六十多个年头了。一百余年间，前后九帝承传，难道根基深厚的大宋王朝就这样不堪一击？多少年以来，北方的边患不断发生，每当秋天老百姓收获了庄稼之后，也正是遭受侵略之时。北方的老百姓真的是生活在水深火热之中啊！然而那时候，他们还有祖国。一旦汴京沦陷，北方广大地区的老百姓不就要沦为亡国奴了吗？

赵明诚一边为国家的命运担忧，一边期盼着形势出现转机。然而，汴京方面传来的消息却越来越令人揪心。这一天，他回到了青州的家中。吃饭时，他环顾满屋子的文物古籍，怎么也吃不下去。李清照正待询问缘故，赵明诚已起身离席，拉着李清照来到了后院。这后院有十几间房子，里面放的都是夫妇二人多年来收集的古器、碑帖、书画、古籍等。这是他们多年的心血，也是他们共同的精神寄托。赵明诚领着李清照，一间屋一间屋地看，他什么话也不说，像是将军在检阅自己的部队一样。偶尔，他会从架上取下一部古籍，并不打开看，只是轻轻地抚摸一番，然后再小心地放回架上。当一间屋一间屋地看完之后，赵明诚来到当院，仰望满天繁星，他长叹了一声："唉——"

在赵明诚那一声沉重而怅然的长叹打破沉寂之后，李清照小心地问道："明诚，今儿你这……"赵明诚转过身来，再一次环视那十几间屋子，然后紧紧地攥住李清照的双手道："这些东西，不知道以后将落入谁手啊。"

回到上房后，赵明诚把汴京危机的事情告诉了李清照。他还说，他好像有一种预感，预感到灾难之星正向他们这个家庭逼近。

这一夜，赵明诚和李清照都失眠了。赵明诚在心里默默地向那一件件古器、古籍告别。而李清照眼前时而是繁华的东京街市、大相国寺、那间新婚洞房；时而又是断墙残垣、流民弃尸……

靖康二年（1127）农历三月的一天，一封急信送到了青州归来堂。信报：赵明诚的母亲郭氏在江宁（今江苏南京）因病去世了。本来就为没能在母亲病榻旁尽孝道而内疚的赵明诚，此刻一分钟也不敢再耽误了。他向李清照简单叮嘱了几句，收拾了几件轻便行装，便匆匆南下了。

也正是在赵明诚急匆匆南下的时候，金兵押送两宫凯旋的队伍正在中原大地缓缓北行。

赵明诚在江宁与存诚、思诚二兄共同为母亲办完丧事之后，时局的变化使他不得不滞留在江宁。再则，高宗仓促即位，朝政一切要从零开始，正值朝廷用人之际，留下也许对国家、对自己更有利。果然，八月，赵明诚就被起用，出任了江宁府知事。

赵明诚走马上任之后，等到一切安顿就绪了，他才给李清照捎去一封长长的家信。赵明诚知道，如今高宗皇帝只顾稳定皇位，无心收复北方失地，金兵南犯，连连得逞，气焰正盛，他的家乡迟早要落入金兵之手。让李清照一人在青州住着，他实在不放心。他在信中向李清照说明了时局的危艰，动员李清照移家江南，这样既可夫妻团聚，也可躲避一下极有可能发生的战乱。信中，赵明诚还详细地叮嘱李清照，青州家中所保存的那些文物，哪些务必要随身带来，哪些可以暂存青州，等等。

李清照实在不愿意离开青州，不愿意离开北方。青州毕竟是她与丈夫共同生活了多年的地方啊！接到赵明诚信的最初几天，她像失了魂似的。她会半天半天地望着归来堂前的海棠树出神，她会整天整天地"泡"在存放古籍的书房里发呆。特别是几个月前赵明诚说的"这些东西，不知道以后将落入谁手"那句话，天天在她耳边响起，她怎么舍得就这样离开它们呢？然而，她更挂念赵明诚，丈夫一人在千里之外，时局又如此动荡不安，怎能不让她牵肠挂肚？

李清照决定，还是尽快到江宁去与赵明诚团聚。同时她也决定，自己要尽最大的努力，把更多的文物古籍带到江南去。

接下来的日子就是收拾行装了。李清照好像从来还没有犯过这么大的难：那些古器、碑帖、字画、书籍，舍下哪一件都让人心痛。赵明诚虽然信上有所叮嘱，但毕竟珍贵的东西太多了，而便于携带的东西又太少了啊！她一天天地挑选，先把那些大本的不宜带的书挑出来搁到一边，再把古器中那些没有款式的挑出来搁到一边。剩下的就都是该带走的了。李清照数点了一下，天哪，还有这么多！于是她又开始了第二轮挑选。书中国子监课本和公开出售的，剔掉；字画中二流三流的，剔掉；古器中体量太大、太笨重的，剔掉；碑帖中编撰《金石录》暂时用不上的，剔掉……剩下的再也不能剔了，再剔她会感到比剜自己的肉还要难受。

最后，还是装了满满十五车。剩下的，李清照分门别类整理好，又锁在那十几间屋子里。公元1127年（建炎元年）的秋末冬初，李清照洒泪告别了青州，在几个家人护送下踏上了南下之路。车轮碾着萧疏的落叶，早到的寒风在鸣咽着为李清照送行。身后，云门山的山影渐渐消失了；眼前，是望不到头的黄土大道。李清照仰望长天，那天空也是灰蒙蒙的、阴沉沉的……

车队沿着沂蒙山东麓缓缓南行，走了半个多月才进入了淮南东路地界。李清照在东海（今江苏连云港）稍事休息之后，继续南行，不久便来到了淮河岸边。家人雇了几只大船，船家见河上水大，便将几只船连在一起，装上那十五车东西，缓缓渡到了南岸。

在古代中国，"南方"与"北方"的地理概念，是以淮河和秦岭为界的。李清照连舻渡淮，是她后半生常常想起的事情。因为，从那一刻起，她就真正离开了北方；同时，从那一刻起，她再也没有回到过北方。

后来，李清照又渡过长江，来到了镇江。在此一两个月之前（十月份），高宗皇帝已从南京迁到了扬州。有史家指出，高宗离开南京前往扬州，正是他不打算在第一线指挥抗金，更不打算北伐收复失地而采取的南逃策略的第一步。后来事情的发展证明，情况果然如此。

镇江与扬州仅一江之隔，虽然高宗皇帝就在扬州坐镇，但镇江却不那么安宁。正当李清照一行在镇江休息时，江盗张遇袭击了镇江。攻陷城池之后，张遇纵兵四掠，满城一片火海，一片哭喊。李清照与家人急匆匆收拾了行装，逃出城外。途中多次遇到张遇散兵，所带的东西或被抢，或丢失。匆忙间，李清照也顾不上清点，只想逃得越快越好，越远越好。直到一行人赶到江宁后，李清照和家人才发现，镇江之乱，他们果然损失不小。好在李清照终于来到了丈夫身边，连日的奔波劳累、担惊受怕总算结束了。当李清照与赵明诚相见之后，她环顾江宁府官邸那陌生的建筑、陌生的花树、陌生的陈设，心中不禁暗暗思量——"这，就是我以后的家吗？"

这是公元1128年（建炎二年）的农历正月。上年腊月，也就是在李清照刚刚离开青州不久，金兵开始向山东大举进犯了，齐鲁大地顿时燃起了滚滚狼烟。金兵由西向东一路烧杀，所到之地，几乎没遇到过有效的抵抗，各地守军或开门投降，或弃城而逃。金兵兵不血刃便得城占地，精力似乎都用在搜掠抢夺上了。溃散的宋兵，有的便占山为王、打家劫舍，成了土匪强盗。乱世中，平民百姓的日子最难过了，他们连逃也没有地方逃，只好在水深火热中忍受着煎熬。

也是在这个腊月，青州发生了一起本不应该发生的兵变。事情是这样的：当听说金兵进犯山东的消息之后，青州所属的临朐县，有一个名叫赵晟的军人趁人心惶惶之机聚众作乱。青州知州曾孝序派军官王定领兵去讨伐，谁知王定不是赵晟的对手，竟大败而归。曾孝序听说后大怒，他深怪王定无能，便关闭了城门，不准王定的军队回城，命令他们马上回去，平叛赎罪，不然军法处置。那王定是再也不敢回去打赵晟了，不去又要遭受处罚，于是干脆一不做二不休，鼓动士兵们攻起青州城来。青州城中并无几个守兵，城门很容易便被王定攻破了。叛军冲进青州府衙，曾孝序和他的儿子曾讦皆死于乱刃之下。青州城陷入一片混乱之中。叛乱的士兵像疯子似的见什么抢什么，抢完了就烧，烧了就再到别处抢，青州城成了一片火海。赵明诚、李清照在青州的故居归来堂，在这场灾难中自然是首当其冲。那十几间屋子的珍贵收藏，不知被叛军抢走了多少，剩下的皆在熊熊大火中燃成了灰烬。

青州兵变后不到一个月，金兵开到，占了青州，青州又遭受了一场洗劫。这是在建炎二年的农历正月，正是李清照刚刚到达江宁的时候。

李清照在江宁住下不久便听到了青州的消息。对她和赵明诚来说，这一消息太残酷了。他们倒不是心痛那些文物值多少钱，因为钱是衡量不出它们的价值的，那是他们的心血啊！一连十几日，夫妻二人难咽茶饭。李清照总是后悔地说："早知如此，真该多雇几辆车，多带些出来。"赵明诚也总是后悔地说："我倒是预感到它们的不幸，我该早早地把它们转移出来才对啊！"不尽的痛惜加上不尽的后悔，夫妻二人在短短的十几天中便瘦得不敢互认了。后来，还是赵明诚想得开，他安慰李清照道："东西毁了就毁了吧，你能早早地离开那里，幸免于难，就比什么都好。再说你还带来了那么多，能有这些在我们身边，也值得庆幸了。"

这一年冬天，江宁似乎特别冷，大雪一场接着一场。这曾经是六朝古都的繁华之地，在大雪中显得寂静了许多。江宁人难得见到这么大的雪，却也耐不得这严寒。人们多半都待在家里，围在炉火旁，享受着那一份清静，同时也忍受着那一份寂寞。

刚刚来到南方的李清照却似乎特别喜欢这漫天大雪，每当大雪飘扬的时候，她都要戴上斗笠披上蓑衣约上赵明诚一起出门赏雪。李清照最爱去的地方是城头。站在高高的城墙上，看城里城外，一片茫茫，苍天大地，浑然一色，此时此地，李清照每每会诗兴大发。他们在城墙上踏着厚厚的积雪漫步，伴随着那轻微的"咯吱咯吱"声，一句句诗情不自禁地从李清照心头涌出。特别是大雪初霁的时候，艳阳之下，整个世界水晶般的亮白，巍巍钟山，浩荡长江，更为壮丽，更加动人。李清照的诗也来得特别快，回到家里，她就把那些诗念给丈夫听，并且一定要赵明诚和作几首。赵明诚做学问很有功底，作诗远远不是李清照的对手。当年不服气连作50首《醉花阴》，最后还是败在了李清照手下。对那次的教训，他是从不敢忘的。对李清照从雪天城头寻到的诗句，赵明诚有时也能下力气和出，有时便只好告饶了。告饶当然要受罚，那罚受来也不难，就是要陪妻子一道去城头赏一次雪。于是，城头上便时时会出现他们夫妇二人的身影。

十分可惜的是，李清照在江宁作的诗一首完整的也没保留下来，今天我们能看到的只有两联断句。一联是：

南来尚怯吴江冷，北狩应悲易水寒。

一联是：

南渡衣冠少王导，北来消息欠刘琨。

这两个断句出自两首诗中。在第一联中，李清照由自己南来后的亲身感受，想到了被囚北方的徽、钦二帝。他们在严寒的北方过的将是一种何等悲惨凄凉的日子啊！堂堂大宋王朝的两位君主成了金人的阶下囚，这一历史的悲剧怎能不让李清照刻骨铭心呢？她惦记的不仅仅是两位君主，而是那一段历史，那一段应当称之为国耻的历史。这里，李

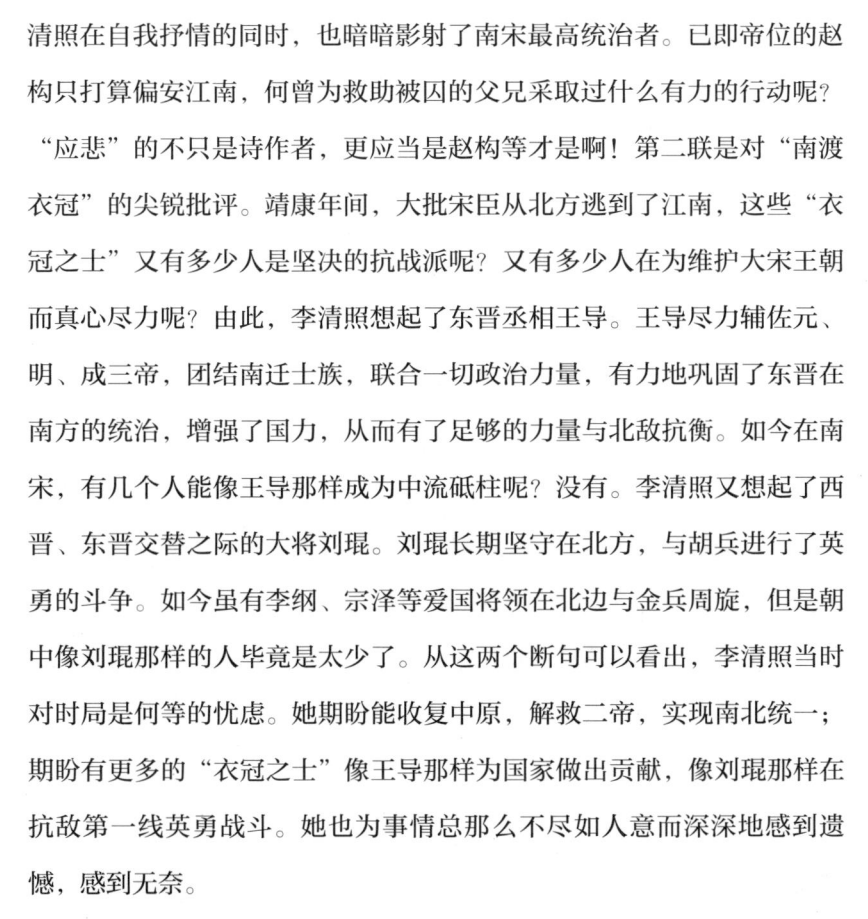

清照在自我抒情的同时，也暗暗影射了南宋最高统治者。已即帝位的赵构只打算偏安江南，何曾为救助被囚的父兄采取过什么有力的行动呢？"应悲"的不只是诗作者，更应当是赵构等才是啊！第二联是对"南渡衣冠"的尖锐批评。靖康年间，大批宋臣从北方逃到了江南，这些"衣冠之士"又有多少人是坚决的抗战派呢？又有多少人在为维护大宋王朝而真心尽力呢？由此，李清照想起了东晋丞相王导。王导尽力辅佐元、明、成三帝，团结南迁士族，联合一切政治力量，有力地巩固了东晋在南方的统治，增强了国力，从而有了足够的力量与北敌抗衡。如今在南宋，有几个人能像王导那样成为中流砥柱呢？没有。李清照又想起了西晋、东晋交替之际的大将刘琨。刘琨长期坚守在北方，与胡兵进行了英勇的斗争。如今虽有李纲、宗泽等爱国将领在北边与金兵周旋，但是朝中像刘琨那样的人毕竟是太少了。从这两个断句可以看出，李清照当时对时局是何等的忧虑。她期盼能收复中原，解救二帝，实现南北统一；期盼有更多的"衣冠之士"像王导那样为国家做出贡献，像刘琨那样在抗敌第一线英勇战斗。她也为事情总那么不尽如人意而深深地感到遗憾，感到无奈。

　　前面说了，李清照得了好诗句便邀请丈夫相和，赵明诚多半是和不出来的。一方面是由于赵明诚确实诗才不及李清照，另一方面也是由于赵明诚的思想境界与李清照相比有一定差距。作为地方小吏，他没有多大的能力去影响最高统治者，为国家做出重大的贡献，这是情有可原的。不过，多年的官场生活，也使他变得越来越小心，越来越自私了。此时的赵明诚早已不是青年时代的赵明诚了，除了在治学上他还愿意付出努力之外，在政治上，他已成了一个庸吏。一年后，在江宁发生的一件事情，便暴露了他那已被扭曲的心灵。

　　建炎三年（1129）二月，驻守江宁的御营统制官王亦密谋叛乱，王亦通知各部在半夜时分以纵火为号一起暴动。这一密谋被任江东转运副使的李谟探知，他马上派人到时任江宁知事的赵明诚府上报信，让赵明诚及时采取措施，制止叛乱。赵明诚闻报之后，认为这是谣传，根本没有当回事。当天夜里，城中果然火起，王亦率叛军朝着江宁府衙门攻来。半路上，叛军遭到了李谟布置的伏兵的反击，不得不后撤，随后从南门夺路而逃。当大火被扑灭，城中叛军散兵被肃清后，李谟来到了知府衙门，只见府衙早已空空如也。原来，城中大火一起，赵明诚便知大事不好，忙起身向府衙赶去。本来，作为一府首席长官，他应是平息这一突发事件的主要指挥者。他应该立即组织力量反击叛军，应该立即采取措施让惊慌失措的老百姓安定下来，应该迅速扑灭那熊熊燃烧的大火，应该派人去严守府库以免国家财产遭受损失……可是，他却什么也没有去做。当他急匆匆赶到府衙之后，通判毋丘绛、观察推官汤允恭也匆匆来到。没了主意的赵明诚在毋、汤二人的提议下，跟着他们便向北城溜去。他们爬上城头，让士兵找来一根又粗又长的大绳在城头系牢，依次从绳上滑了下去。当他们在城外惊魂稍定之后，赵明诚才想起李清照还在城中，才想起作为一府长官，他应当承担的责任。

　　好在由于李谟早有防备，江宁府没有受到太大的损失。但赵明诚临危失职仓皇逃命的事情理所当然要受到朝廷的惩处。二月底，他被罢免了官职，毋、汤二人也各降职二级。

　　对丈夫做出的丑事，李清照十分气愤，好长时间她都没有搭理赵明诚。赵明诚也十分愧疚，每当看到李清照那鄙夷的目光，他都不禁垂下头去。三月，被罢了官的赵明诚雇了几只船，装上自己的全部家当（包括那些文物），带着李清照离开了江宁。他们沿江而上，准备先到当涂、芜湖，然后前往江西，在赣水之滨找个地方安家居住。

上水船行得特别慢，几天后才进入和州地界（今安徽和县）。这一天，李清照一个人站在船头上，眺望大江两岸，她不禁心潮澎湃。想到金人一次次南犯，宋军一步步南撤，朝中投降派越来越得势，主张坚决抗战的李纲等人却壮志难酬，报国无门。就在上一个月，金兵攻破了扬州城，而高宗皇帝却早早地渡江南下，逃到了杭州。李清照想，自己从青州到了江宁，如今又要去江西，离家乡是越来越远了。然而江西就是可安居之地吗？想着想着，不禁流下了眼泪。此时，江右岸渐渐现出一道入江支流。李清照问船家，那是什么河。船家回答说，那是乌江。"乌江？那就是乌江！"李清照不禁惊呼了起来。赵明诚听到声音也来到了船头。李清照指着已临近的乌江对赵明诚说："你瞧，那就是乌江——楚霸王自刎的地方。"赵明诚不以为然地说："我何尝不知道乌江是楚霸王自刎的地方。有什么值得大惊小怪的！"是啊，饱读诗书的赵明诚应该知道一千三百多年前发生在乌江的那一幕悲剧。那是公元前202年，全军覆灭的项羽与几名亲随逃到了乌江，前面是滔滔的江水，后面是追杀而来的汉兵。有人搞来一只小船，让项羽渡江而逃。项羽远望江对岸，说："我还有什么脸面去见江东父老！"说罢，便拔剑自刎了。在赵明诚眼中，项羽只是一个失败了的可悲的历史人物。

李清照没再说什么，她望着渐渐远去的乌江，一直在凝神思索着什么。不久，她吟出了一首五言绝句：

> 生当作人杰，死亦为鬼雄。
> 至今思项羽，不肯过江东。

李清照吟出的这首五绝，不以成败论英雄，对楚汉相争时最后因失败而结束了自己的战斗生涯的楚霸王项羽，表达了钦敬和推崇，从而向人们展示了这样一种人生哲学——活，要活得昂扬，出类拔萃，有声有色；死，要死得壮烈，英武慷慨，可歌可泣。总而言之，人要有气节。诗中所写的项羽，是一位勇敢、坚强而又骄傲、自信的英雄。在推翻秦朝专制的斗争中，他是立下汗马功劳的。秦亡后，他与刘邦争天下，沙场角逐5年，最终垓下大败。逃至乌江畔后，在保全自己性命和保全英雄气节相矛盾的关键时刻，他毅然选择了后者，谢绝渡江逃命，拔剑慷慨自刎。对项羽的评价，历史上是很不一致的，总的说，贬者多，誉者少。即使赞誉项羽的，其角度也各不相同：有的赞美其"力拔山兮气盖世"的气概，有的称赞其长驱直入，一举灭秦的武功，有的慨叹其英雄气短、背时乖蹇的命运，等等。而李清照却发现了项羽身上最有价值的东西，即他那可贵的气节。她要放声为这位活着英武有为、死亦留名千古的英雄而讴歌，她要为不屈不挠的强者而讴歌，为长虹贯空般的气节而讴歌，于是她唱出了响彻云霄的壮声——"生当作人杰，死亦为鬼雄"。

赵明诚真不敢相信，自己的妻子对楚霸王的悲剧会有如此独到的见解。他一再品味着"生当作人杰，死亦为鬼雄"这两句诗，不禁感到它有一种强大的震撼力，这震撼力可以荡涤人的心灵，可以摧枯拉朽、感天动地。他不能不佩服自己的妻子，他深深地感到，自己与妻子相比，岂止是诗才不如啊！他又想起了自己在江宁犯下的错误，禁不住脸红了。

五月底，赵明诚和李清照到了池阳（今安徽贵池）。船还没靠岸，远远就见池阳太守正在码头上迎候呢。赵明诚上岸之后，池阳太守略事寒暄便转告赵明诚：朝廷又起用赵明诚任湖州（今江苏吴兴）知府了，命他立即回建康领旨。赵明诚这时候才知道，在他离开江宁一个月后，高宗已由杭州北返，回到了江宁。五月八日，江宁府已改名为建康府，建康随之成了南宋的临时政治中心。

朝旨不可违，赵明诚只好让李清照及随行家人临时在池阳住下，他一个人及早赶回建康。

那一天是六月十三日。赵明诚与李清照道别之后离船上了岸，随从已给他备好了马，可他没有立即上马，却在江堤一块大石上坐了下来。他要再看一眼自己的妻子和家人，做最后的告别。李清照在船上看着丈夫，只见赵明诚穿了一身新布衣，头上扎着头巾，露着高高的额头。他今天显得格外有精神，两只眼睛像在闪闪发光。李清照不知道赵明诚为何如此兴奋，她想，也许丈夫是因为重新受任而过度高兴的缘故吧。不过，她潜意识中有一种不祥的感觉。忽然，李清照想起了什么，她大声向堤上的丈夫喊问："如果这里一旦有什么变故的话，我该怎么处置这些东西啊？"赵明诚站起来，把两手扶在腰间，高声答道："到时候你要随众人行动。实在不得已的话，先扔掉辎重，其次扔掉衣服被褥，再其次扔掉那些书册卷轴，还有那些古器。唯有那几件宗器，你要亲自携带，与身俱存亡。听到没有？千万别忘了！"李清照点头表示听明白了，赵明诚才翻身上马，扬鞭而去。

李清照在烈日下站了好久好久，才回到船舱。她抹去额上沁出的汗珠，目光一下子便盯在了那几件宗器上。那些宗器，实际上是几只古鼎。在赵明诚的收藏中，他最珍惜的便是夏、商、周三代的这几只古鼎。鼎这种两耳三足的器具，本来只是古人用以烹饪的炊具，自夏禹收九州之金铸为九鼎之后，便成了君王传国的重器，在某种意义上来说，鼎已是国家权力的象征了。赵明诚之所以万分珍惜那几只三代古鼎，正是因为它们是代表着华夏文明的无价之宝。如今，这些宝器交到了李清照手上，丈夫那"与身俱存亡"的嘱托时刻在耳边回响，李清照只有从心底祈祷，但愿一切太平如意，但愿早日收到丈夫的来信，好去湖州与丈夫团聚。

七月末的一天，一封快信送到了李清照船上。李清照展开信纸一看，不禁大吃一惊。信上告知，赵明诚在建康病倒了。原来，赵明诚去建康时，正值酷暑，他只顾急忙赶路，不久便病倒了。待赶到建康时，赵明诚还未及去朝廷领旨，便病倒不起了。医生诊断为疟疾。李清照十分了解赵明诚的脾性，她知道，赵明诚一向性急，发热时他急于早早退烧，一定会用寒药。略通医道的李清照知道，患了疟疾盲目用寒药退烧，是会延误医治的，再说，赵明诚的体质也不允许用寒药急攻。她十分担忧，生怕赵明诚医治不当反而坏了事。此时此刻，她只有一个念头：快，快到丈夫身边去！

解了缆的船顺水急下，日行三百里，只几天工夫，李清照便赶到了建康。

果然不出李清照所料，赵明诚真的用了柴胡、黄芩等寒药，病情不但没有好转，反而急剧恶化，疟疾又加上了痢疾，已是病入膏肓了。李

她一直守候在丈夫病榻前，她要尽最大努力，从病魔手中把丈夫夺回来。

清照又急又伤心，赶紧请医求药。她知道，丈夫的病是很难治好了，那些日子，她每天都是以泪洗面。连日来，她一直守候在丈夫病榻前，她要尽最大努力，从病魔手中把丈夫夺回来。李清照一天天消瘦，眼圈都深深地凹了下去。

八月十八日，赵明诚在昏迷中醒了过来。一直守在一旁的李清照见丈夫醒了，激动得紧紧握住了赵明诚的手。赵明诚缓缓地把手抽出来，口中断断续续地吐出几个字："笔……拿笔……"李清照知道丈夫是要写什么，忙去拿来了纸、笔。她扶起赵明诚，给他背后垫上两个大枕头，又搬来小炕桌放在床上，将纸铺好，然后将笔饱饱地蘸了墨，递到丈夫手中。赵明诚拿着笔，没有说什么，他深情地望着李清照，微微一笑，然后又轻轻点了点头。忽然，他两眼放光——那眼神就像在池阳江堤与李清照告别时一样，身子也硬是坐直了。只见他侧身挥笔疾书起来。站在旁边的李清照没等他写完，便已看出那是一首绝笔诗，泪水"哗"地一下子涌了出来。写到最后几个字时，赵明诚的手抖了起来。他硬是坚持着把最后一个字写完，那最后一笔实在没力气写了，笔画断断续续、似终未终，只听"啪"一声，笔掉在了纸上，那最后一画成了一团墨渍。

李清照忙撤下炕桌，扶赵明诚躺好。赵明诚张了张口，似乎想说什么，李清照俯下身子细听，什么话也没有听到，只有无力的喘息声……

就在这一天，赵明诚撇下李清照，一个人走了。

赵明诚写的绝笔诗没有流传下来，也没有留下任何遗嘱。

李清照在建康为赵明诚料理了后事。她在丈夫墓前十分悲痛地念了自己撰写的祭文，那真是字字血、声声泪呵！这篇渗透着血和泪的祭文，可惜也没有流传下来。依清照之才和清照之情，这篇祭文肯定会是一篇悼亡杰作。有人曾记下了这篇祭文中的两个断句，就是：

  白日正中，叹庞翁之机捷；
  坚城自堕，怜杞妇之悲深。①

  处理完丈夫的后事之后，李清照也大病了一场。从离开青州南下到赵明诚病逝，才两年时间。这两年，国家遭遇了大难，李清照的小家也遭遇了大难。国破之恨与家亡之痛一起压到了李清照身上，她实在承受不了这么沉重的打击，终于倒下了。病中，李清照几次想不如就此追随丈夫而去，可她最终还是战胜了自我，顽强地活了下来。每当那悲观的一念闪现时，一个声音就会在她耳边响起——"生当作人杰，死亦为鬼雄"。

---

① 二句见宋谢伋《四六谈麈》。谢伋为赵明诚同时代人，谢伋的父亲谢克家是赵明诚的中表（即赵明诚姨母的儿子）。赵明诚在江宁任上时，谢伋曾去拜访过他。二句中，上句用了唐代居士庞蕴的典故。庞蕴拟坐化时，嘱他的女儿灵照出去看看日头，让她在日头正当午时回来报告。日正当午时，灵照回来报道："日头升到正中天了，只是有点日食。"庞居士遂出门去观看。而此时灵照却趁机登上父座，合掌坐亡了。庞居士回来见女儿已死，笑了笑说："我女儿真机敏快捷啊！"李清照用此典故，以喻赵明诚辞世之突然而从容。下句用了齐国杞梁殖的妻子哭倒长城的典故。杞梁殖在齐庄公袭莒的战斗中战死后，他的妻子十分悲痛。她没有子女，也没有任何亲属，丈夫是她唯一的亲人。杞梁殖的妻子在齐长城下枕着丈夫的尸体恸哭了十天十夜，其哭声感天动地，齐长城竟为之崩塌了。李清照用此典故，以喻自己悼念亡夫悲痛之深。

第五章

流离浙东

李清照病情好转之后，有一天，她试着下床，轻微活动了一下身子。家里人见李清照能起床了，都十分高兴。公元1129年农历闰八月中秋，大家特地置备了一桌酒菜，要给李清照补过一个中秋节。丈夫刚刚过世，李清照哪有心思过什么中秋节啊！但是，她不愿意让别人再为自己担忧了，她无论如何要强打精神，振作起来。所以，她没有拒绝大家的好意，大家也为李清照的身心得以恢复而感到欣喜。

　　一天，李清照家来了一位客人。此人其貌不扬，但凡是知此人者不敢不敬之，他就是朝廷御医王继先。这王继先是高宗赵构的亲信，当年高宗皇帝在扬州时，因金兵突袭受到惊吓而丧失了生育能力。由于王继先能为他配制壮阳药，所以高宗特别恩宠他。虽然王继先的官位不过正四品，但他那受高宗恩宠的特殊身份自然使他在宫内外享有特殊地位。谁敢不敬畏这等人物？王继先有一嗜好，就是搜罗古董。靖康建炎年间，社会动荡不安，许多人家都忍痛将家中旧物廉价出售。特别是一些从北方逃来的人，为保全性命维持生活，只好变卖带出的值钱东西。王继先和一些人这期间可没少捞了宝物，他们简直可以说是趁火打劫，耍赖压价自然是他们的惯用伎俩，对有些急需用钱的人家，他们简直就等于白拿硬夺。王继先后来胃口越来越大，竟把黑手向同僚们伸去，一旦打听到哪位朝臣家中有珍贵文物，他就要想方设法"买"到手。许多人知道他是高宗亲信，不敢惹他，有些东西虽不想卖但不敢不卖，而一买一卖之中，又不得不明明白白地吃个大亏。赵明诚家的收藏在"圈里人"中是十分有名气的，王继先涉足此道，自然早就获得了这一信息，因此，他对赵家的收藏一直十分眼热。赵明诚病重时，李清照曾托人请王继先来给赵明诚瞧瞧病，王以太忙为借口，一直没来。赵明诚去世不到一个月，他却找上门来了。

　　李清照拖着羸弱的病体接待了王继先。王继先略作寒暄之后，便"言归正传"了。巧舌如簧的王继先唠叨了许多，归纳起来，无非就是一句话——要用三百两黄金收购赵家收藏的全部文物。

　　当李清照最终弄明白了王继先闷葫芦里卖的是什么药时，不禁怒火中烧，几欲拂袖而去，但她努力克制着，没有把怒气流露出来。她没有给王继先什么答复，只是推说病体不可过累，要早早休息，然后便示意家人送客了。王继先见李清照既没有答应，也没有正面拒绝，知道李清照这个女子不是等闲之辈，本想再甩下两句威胁的话，张了张口却没说出，就这样悻悻地离去了。王继先走后，李清照才伏在床上哭了起来。她想，这王继先不是明明在欺负人吗！赵明诚的那些藏品，许多都是无价之宝，别说三百两，就是三千两也卖不得啊。从王继先那话里李清照已听出，不答应了他，他是不会善罢甘休的。如果赵明诚活着的话，他敢这样吗？还不是因为自己是个寡妇人家才会受如此欺负？她越想越伤心，越哭泪越多，经家人好劝歹劝才慢慢止住。第二天，一向不肯求人的李清照去找了赵明诚的表兄谢克家，向他诉说了王继先要买赵家藏品的事情，请他帮忙给拿个主意。谢克家在朝中任兵部尚书，对王继先的无耻行径早有耳闻，只是事不关己，便权当不知了。李清照来把此事一说，他才知这王继先已把手伸到了赵家，他怎能再不管不问？几天后，谢克家在高宗面前，当着王继先的面，把赵明诚潜心收藏文物、研究金石学的事称赞了一通，并且旁敲侧击地说，有人觊觎赵家收藏、妄图据为己有云云。王继先倒也识趣，从此再也不提收购赵明诚藏品的事情了。

然而李清照知道,自己已把王继先得罪下了。此时,有消息说金兵又一次发兵南犯。这一消息几天后便得到了证实——高宗皇帝已遣散六宫,他自己也早早地南下避难去了,据说,他去了浙江。

李清照这次可真犯愁了,连皇帝都跑了,说明建康确实不能再待了,可是自己往哪里去呢?还有那些文物,该怎么办呢?李清照忽然想起,赵明诚有个任兵部侍郎的妹夫在洪州(今江西南昌),正在那里侍卫隆祐太后,还算得上有职有权的人物。再说,洪州较远,金兵可能攻不到那里,该是一个比较安全的地方。她找来赵明诚昔日的两名部下,拜托他们先把一部分东西护送到洪州去。如果一旦建康形势不妙,她也将随后移居洪州。先期送走的东西有两万卷书、两千卷金石拓片,以及部分生活用品等。

去洪州的人刚走,李清照就听到了一个消息,这个消息对李清照来说,无疑又是重重的一击。

事情是这样的:还是在赵明诚刚刚回到建康的时候,一位不速之客突然登门拜访。赵明诚虽患重病,但出于礼貌,仍然出面接待了他。此人自称是一位学士,名叫张飞卿,阳翟(今河南禹县)人。他说他久仰赵明诚大名,知道赵明诚是当今屈指可数的著名文物鉴赏家,所以特来登门请教。说着,他叫随从把捧着的一个锦盒轻轻地放在桌上,打开锦盒,露出了一只很漂亮的玉壶。张飞卿说,这是他家的传家之宝,有人要买这把玉壶,请赵明诚帮他鉴定一下,并估量一下价值。赵明诚打眼一看就看出,那把玉壶根本不是玉,而是一种类似玉的石头,学名叫珉。珉的质地远远不如玉密致细腻,色泽也不如玉晶莹剔透。不过民间并不严格将珉与玉加以区别,尤其是一些碾玉工匠,时常用珉做一些器物冒充玉器出卖，碰上不识货的，照样卖个好价钱。赵明诚是个实在人，虽然已是快五十的人了，但仍没脱书呆子气。他如实告诉张飞卿：这个东西不能叫"玉壶"，那料子是一种石头，叫珉。张飞卿听说后，如当头浇了一瓢冷水，一脸神气顿时不见了。

张飞卿谢过赵明诚后，带着那只"玉壶"回阳翟老家去了。

这段故事，赵明诚在李清照来到建康时，向李清照说起过。他并没当作什么了不起的大事，只是当一段笑话说说而已。李清照也没拿它当回事，听过也就忘了。

如今，满建康城都在传播着一个谣言：赵明诚把自己收藏的一件国宝级文物——玉壶，偷偷派人送给金人了。一时间，"玉壶颁金""献璧北朝"等谣言塞满了李清照的耳朵。李清照很明白，所谓"玉壶颁金"，就是说赵明诚犯有通敌之罪。试想，在两国交战之际，你却去讨好敌国，偷偷地送去贵重文物，这不叫通敌又叫什么？可是李清照怎么也想不出，这股谣言是从哪里生出来的，又怎么会来势如此之猛？她曾想到可能是王继先搞的鬼，可是她一个妇道人家，是没有能力去追查谣言来路的，更不可能取到什么证据。令她百思不解的是，张飞卿来拜访赵明诚的事，外界怎么会知道呢？这张飞卿究竟又是何等人物？莫非是张飞卿真的把那只"玉壶"献给金人了？是张飞卿故意给赵明诚栽的赃，还是王继先之流捕风捉影借题发挥？这造谣加害赵明诚的人究竟是为了什么？……这一切，李清照始终没弄明白。后来的李清照研究者们也曾关注过这些问题，不过始终没有人得出明确的结论。

不管怎么说，李清照这次确实是有些害怕了。试想，一旦朝廷追究下来，她能说清楚吗？一旦说不清楚而毁了赵家的声誉，她又该负何等责任？

几番苦苦思索之后，李清照终于想出了一个解脱这一困境的好办法。她毅然决定：把现存在身边的珍贵文物全部献给朝廷，以此举来向朝廷表明心迹。这样一来，那些谣言自然也就不攻自破了。再说，李清照的弟弟李远在朝中任敕局删定官（那是一个负责将皇帝诏旨收集起来分类编辑成书的轻松差事），能找到朝廷，就能找到弟弟，两人相互间也好有个照应。

那么，朝廷现在在哪儿呢？李清照听别人说在越州（今浙江绍兴），于是便打点起行装南下了。

此时，金兵已分两路大军向江南攻来。一路在十月由黄州（今湖北黄冈）渡江，直扑江西，追杀隆祐太后；一路在十一月由和州（今安徽和县）渡江，后沿江而下东攻建康，建康守将杜充弃城而逃。义军首领邵青率单舟迎战金兵，亦因势孤而退。金兵占了建康之后，知高宗皇帝已南逃浙江，于是便马不停蹄地追杀而来。江南大地素以富庶安宁著名，如今却在外敌铁蹄的践踏下呻吟着，金兵所到之处皆被糟蹋得目不忍睹。

李清照因携带行装过多，路上走不快，十一月中旬才赶到越州。而此时越州已成了一座空城，高宗皇帝早已离开越州逃到明州（今浙江宁波）去了。从大量北边来的难民处，李清照得知，金兵已到达临安（今浙江杭州）城下。临安一旦失守，越州朝夕难保。李清照没敢稍停，随着难民队伍奔明州而去。还没到明州，李清照又听说高宗已在定海（今浙江镇海）弃岸上船，渡海逃到了昌国（今浙江舟山）。据说，皇上将从海上继续南逃，可能要到台州（今浙江临海）去。

此时，李清照知道，向朝廷进献古器的打算已很难实现了，而且这种时候做这种事情，也实在不合时宜。试想，皇帝在仓皇逃命，谁还顾得上这等事情。再说，带着这么多东西逃难，也实在不方便。金兵推进速度太快了，再这样慢腾腾动作，岂不就要被金兵追上？于是，李清照便决定找个可靠的地方把一些笨重的古器先寄存起来。她想到赵明诚在剡县（今浙江嵊州）有个朋友，金兵可能不会去攻剡县，便让随从的家人把一大批铜器、手写本书等送到了剡县。她只身一人，携带剩下的东西继续从陆路南下，由越州到明州，经奉化、宁海，直奔台州。

十二月中旬，金兵攻陷了越州，高宗赵构听说后，连忙命令起锚，又从昌国顺海南下了。这一年的除夕，高宗是在船上过的。准确地说，是在逃难路上过的。

这一年的除夕，李清照也是在逃难路上过的。经过近一个月的辗转，她于转过年来的正月到了台州。这一个月，过来真不容易。试想，一名妇道人家，孤身一人夹杂在难民之中，还带着那么多的东西，要翻山越岭、涉水渡河，还要忍受疲劳饥饿，整天担惊受怕……这一路上，李清照携带的文物又散失了不少。此有文献可证，在宋高宗渡海南逃这段历史过去后不到三百年，元代著名学者袁桷在《跋定武禊帖·不损本》中写道："赵明诚本，前有李龙眠蜀纸画右军像，后明诚亲跋。明诚之妻李易安夫人避难寓吾里之奉化，其书画散落，往往故家多得之。"这段跋收在袁桷的《清容居士集》中。从"往往故家多得之"来看，这期间，李清照所携文物的散落，不是因遭盗遭匪，而是李清照不得不卖掉了一些。买主当然都是当地有头有脸或有财有势的人家。可以

李清照

这一年的除夕，李清照也是在逃难路上过的。

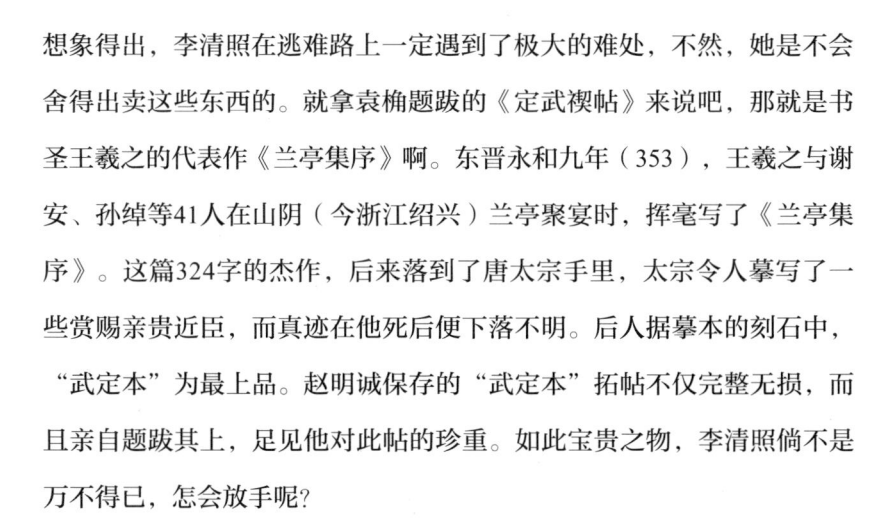

想象得出，李清照在逃难路上一定遇到了极大的难处，不然，她是不会舍得出卖这些东西的。就拿袁桷题跋的《定武禊帖》来说吧，那就是书圣王羲之的代表作《兰亭集序》啊。东晋永和九年（353），王羲之与谢安、孙绰等41人在山阴（今浙江绍兴）兰亭聚宴时，挥毫写了《兰亭集序》。这篇324字的杰作，后来落到了唐太宗手里，太宗令人摹写了一些赏赐亲贵近臣，而真迹在他死后便下落不明。后人据摹本的刻石中，"武定本"为最上品。赵明诚保存的"武定本"拓帖不仅完整无损，而且亲自题跋其上，足见他对此帖的珍重。如此宝贵之物，李清照倘不是万不得已，怎会放手呢？

李清照到台州后，听说台州太守晁公为也逃跑了。自己下一步该到哪儿？她一时没了主意。好在很快她便听到了一个可靠的消息：高宗赵构的御船已驰进了台州湾，正在章安镇补充给养。晁公为原来是到章安镇迎候高宗去了。李清照听说之后十分高兴，因为总算离朝廷不远了，她马上向海边赶去。到了黄岩，她才发现那里已聚集了许多逃难的人。海岸上，密密麻麻到处都是难民，其中有不少是像李清照一样，准备去追随朝廷的。海岸上的人们纷纷指着海上，在议论着什么。李清照向远处望去，只见海面上一支庞大的船队正向远处驰去，其中有一只格外显眼的高大楼船，人们说，那就是高宗皇帝的御舟。

那支船队静静地航行着，很是肃整，也很是壮观。李清照知道，自己又晚了一步，皇帝的船队刚刚起锚开拔，据说是要奔温州去。李清照望着那浩浩荡荡的船队，心头不禁升起了一种悲凄之感。是啊，这船队虽然壮观，但它毕竟不是一支出征的船队，而是一支逃难的船队啊！在中国历史上建立了中央集权的王朝中，将政治中心设到一支逃难的船队上,这还是第一次。高宗此行,有百官随从,有兵将护卫,沿途还有地方官侍候。用民间俗语说,赵构此行是"倒驴不倒架"。大宋王朝的"气数",在高宗赵构的这次十分排场的大逃亡中,已显露出将尽的端倪了。

直到那船队渐渐从视线中消失,李清照才忽然想起,如今自己该何去何从?退路是没有了,后面金兵正在追来。在这浙东一带,自己又没有亲朋可以投奔,唯一的办法只有从海上尾随朝廷的船队而去。这样,沿着同一路线,迟早有希望追上。可是,打算从海路南下的难民太多了。码头上乱糟糟的一片,儿哭娘唤声、哀求呵斥声不绝于耳。人们都争着上船,许多原本十分体面的大户人家,此时亦被挤得狼狈不堪。李清照看了一下自己带的东西,心想,这个样子是上不了船的。她狠了狠心,把衣服被褥等行李都扔了,只随身带着少量宝器,挤进了登船的人群。

在海上经过几天几夜的颠簸,李清照总算到达了温州。在温州,她找到了多年未见的弟弟李远。得见亲人,几个月来的委屈一下子涌上心头,李清照抱着弟弟痛哭了一场。

温州是一座秀丽宁静的小城。城靠着一条瓯江,江心有一块面积仅60亩的孤屿,人称江心屿。江心屿上有一座建于唐代咸通年间的名寺,该寺因地得名,即为江心寺。江心寺自建成以来的两个半世纪中,一直香火极盛。温州才子王十朋为它题写的一副对联更是奇绝,联曰:

云朝朝朝朝朝朝朝朝散;
水长长长长长长长长消。

宋建炎四年（1130）二月，逃到温州的宋高宗看中了江心屿这块宝地，住在了这里。

经历了几个月的逃难生活后，李清照在温州暂住了下来。直到这时，她才深深地体会到，能有一个安定的生活环境，真是人生最大的幸福。回想几个月来，从建康到温州，辗转几千里，历尽劫波，备尝流离之苦，哪一天不担惊受怕？哪一天不忧心似焚？这一路上，她经过了许多自然风光与人文景观皆佳的名胜之地，她何曾顾得上驻足览赏？她本想到越州后无论如何也要去游游兰亭，去拜谒大禹陵的，没想到在越州连脚都没有落。明州雪窦山也是她早已向往的地方，仓皇之中，她也失之交臂了。从明州到台州，大路西边就是天台山，她多么想去那里看看国清寺的隋梅，去领略壮观的"石梁飞瀑""赤城烟霞"、神奇的"铜壶滴漏""琼台夜月"啊！可是，她又怎敢脱离那支难民队伍呢？人们都在争先恐后地南奔，李清照当然顾不上这些了。她只是偶尔西眺天台山麓，轻轻吟了一句白居易的诗："应似天台山上月明前，四十五尺瀑布泉。"

温州虽然是个好地方，但对于从北方流落到此地的李清照来说，毕竟是个陌生的地方。当地人的语言她听不懂，饮食习俗她也不适应。住了不多久，继感到欣喜、感到轻松之后，她又开始隐隐感到了一种苦闷。日子越长，这种苦闷越重，越难排遣。

一天夜半，忽然下起了雨，雨点重重击打在窗外芭蕉叶上，把刚刚入睡的李清照惊醒了。这雨打芭蕉之声，李清照还是第一次听到。在北方时，庭院里种的是海棠、石榴之类，而且离窗子较远，下雨时，雨打在海棠、石榴上的声音绝没有打在芭蕉上这么响。她知道，这是因为芭蕉叶阔大的缘故。可她不明白，南方人为什么爱把那芭蕉种在窗下，平日遮得屋内阴森森、潮乎乎的，下雨时又这么吵？此时此刻，听着那单调的、十分有节奏的雨打芭蕉声，李清照毫无新鲜之感，反而越听越烦。那雨点像打在她身上一样，每一滴好像都在提示她：你知道你这是在哪里吗？你知道你为什么到了这里吗？她躺在床上，怎么也睡不着，只好两眼望着屋顶发呆。

天亮之后，李清照见那雨仍下个不停，也没心思吃早饭了。稍稍沉思之后，她心头忽然涌起一股创作欲望。是啊，自打离开江宁以后，她还没有写过一首词呢。一年来，先是搬家，再是回建康照顾病中的丈夫、处理丈夫后事，而后便是辗转几千里的大逃亡。她哪有心思作词？今天，经过一夜不眠之后，忽然有了创作欲望，可谓难得。李清照来到桌前，一边研墨，一边构思着，然后展开诗笺写下了一首《添字丑奴儿》：

窗前谁种芭蕉树？阴满中庭。阴满中庭，叶叶心心，舒展有余情。

伤心枕上三更雨，点滴霖霪。点滴霖霪，愁损北人，不惯起来听。

这首词很快便在南来逃难的"北人"中传开了，词中表达的流落异乡的悲愁之感和怀念故土的深切之情，引起了人们的共鸣。人们都盼着早些结束这种流亡生活，早些返回自己的故乡。

南追高宗的金兵，在攻下明州后曾派船在海上又追了一段，因遇到宋军大船的拦击，便没再追下去。他们担心孤军深入太久，被宋军断了退路，于是把明州抢掠一空后回撤到了临安，然后一把火烧了临安城，又向北退去。这支金兵北归时远远不如南下顺利，一路上多次遭到宋军和民兵的伏击。当退到镇江时，韩世忠在黄天荡又给予了重重的一击。两军激战48天，韩世忠的妻子梁红玉也披挂上阵，擂鼓督战。金兵最终大败，落荒而去。岳飞随后又率兵收复了建康，江南局势有了好转。

听到金兵撤走的消息后，李清照十分高兴。又听说高宗正在准备北归，她也开始计算起自己北归的时日了，因为她时时在挂记着寄存在洪州和剡县的那些文物。这时候，李远才告诉李清照，早在去年十一月，西路金兵便攻陷了洪州，隆佑太后在逃离洪州后，又经吉州（今江西吉安）逃到了虔州（今江西赣州）。李清照派人先期运往洪州保存在赵明诚妹夫那里的两万卷书、两千卷金石拓片，早已被焚掠一空了。这一消息，李远知道得比较早，只是恐怕李清照承受不了，没敢早告诉她。这个消息对李清照来说，简直是一个晴空霹雳。要知道，那些书和拓片，是她在离别青州时，一本一本地挑出来的，也是她亲自护送到江南来的啊！本来，她是要找一个最安全的地方保存这些书和拓片的，怎料想洪州竟也遭受了洗劫！历经打击和磨难的李清照，又遭受了一次残酷的打击。这次打击使她心头又一次燃烧起了强烈的恨。她恨金兵太疯狂，所到之处只知烧杀掳掠，华夏儿女几千年来创造的文化也遭到了他们野蛮的践踏。她恨南宋统治当局太无能，国难当头之际，不去组织有效的抵抗，却只顾逃命。她也恨自己，自己怎么就没想到，隆佑太后那里不但不是安全之地，而且会是金兵的重点攻击目标呢？

这年三月，高宗由温州迁往越州，李清照也随着到了越州。她看朝廷像是要在越州长期立脚的样子，便请李远派人到剡县去取寄存在那里的铜器等文物。几天后，派去的人回来了，押运回几车文物。李清照打眼一看就知道不对，那些东西少了将近一半。去的人报告说，金兵虽没去打剡县，但剡县却发生过兵变，兵变虽很快被官军镇压下去了，但官军将领李某趁平乱之机大大地捞了一把，将许多平民家的财务吞为己有了。李清照寄存在赵明诚朋友家的文物，也遭李将军染指。这位李将军根本不懂文物，只是胡乱"没收"了一些，有些价值很高的东西却没被弄走。李清照大体清点了一下，损失的东西大约有四五成，而且多半为铜器、手写书等。有什么办法呢？兵荒马乱之中，还能多少留下一点文物，就值得庆幸了。比起留在青州的那一批和送往洪州的那一批来说，剡县的这一批应该算是幸运的。想到这里，本来还为再度受损而感到伤心的李清照，此时反而为这批东西能归来一部分而感到欣慰了。

十一月，朝廷下诏暂时遣散百官，除了一些重要部门留下少量人员以外，其他官员各自去找地方住下。这是因为朝廷经济负担太重，一时养活不起那么多人，只好采取这种临时性措施，一旦情况好转，再陆续召回百官。十二月，李清照便随李远到了衢州（今浙江衢州），直到转过年来春暖花开之后，李清照才又回到越州。

宋绍兴元年（1131）三月，李清照搬回越州后，在一名姓钟的当地人家里租房住了下来。也许是在搬家时那大箱小箱的东西太惹人眼的缘故吧，反正李清照被贼人惦记上了。一天夜里，那贼在李清照屋墙外悄悄挖了一个地洞，乘李清照熟睡之机，钻进室内，将五个大号箱子偷走了。第二天清早，李清照一觉醒来，发现文物被盗，顿时心如刀绞。她问房东钟氏，钟氏说什么也没听到；她循着脚印追踪，不远处脚印便消失了。李清照知道，贼要的是财，对那些东西他们未必感兴趣，于是便以重金悬赏，试图将文物赎回。这一招还真管用，两天后，一名叫钟复皓的邻居抱着十八件卷轴来索赏钱了。李清照一看，果然是自己丢失的东西，她想询问对方这些东西的来路，可是话到嘴边又咽下了。一来她知道对方肯定不会说，二来就是自己知道了又能如何？一个外乡人，在此人地两生，不明受欺负就不错了，还能跟当地人斗什么劲！李清照按原先许诺的价钱将那十八件书画如数买下了。她盼着，希望能再有人找上门来索赏钱，她不疼花钱，只疼那些东西。可是一天天地过去了，再也没有人找上门来。她不死心，到处去打听线索，后来终于打听到被盗文物的下落。原来，那些东西已被福建转运判官吴说以极贱的价钱买走了。吴说是当时小有名气的书法家，他的书法自成一体，时人称之为"游丝书"。吴说是内行，很是知道那批文物的价值，所以他轻易地骗过了销赃人，用极少的钱捡了一个大便宜。

　　李清照在越州丢失的文物中，有两件已见后人记载。一件是唐代著名画家阎立本画的《萧翼赚兰亭图》。这是南唐李后主曾收藏的故物，后为谢伋收藏，宋建炎二年（1128），赵明诚在建康借来品赏，后来时局动荡，由李清照带了出来。吴说购得此图后，曾题跋其上。400年后，明代著名书画家文征明得到了这幅画，亦有题跋。直到清代，还有人见过这幅画。另一件是北宋著名书法家蔡襄的《赵氏神妙帖》。这是赵明诚当年在东京花20万钱买下的，李清照由青州南下时亲自携带到江宁。建炎二年（1128）赵明诚题跋其上。越州被盗半个世纪后，此帖为岳飞的孙子岳珂购得，并题有长跋。李清照丢失的其他文物，多半散失了。

宋绍兴二年（1132）正月，高宗赵构从越州迁到了临安，李清照也随后迁居临安。这一年，她已48岁了。李清照在一首诗中追忆自己在浙东的流亡生活时，用了这样一句话来概括——"飘零遂与流人伍"。

第六章 客寓临安

临安，就是大运河南端的杭州，是一座湖山秀丽、林泉优美、风光旖旎的城市，也是一座历史悠久、人文荟萃、繁华富庶的城市。宋建炎三年（1129），赵构将杭州改为临安府，将这座城市的行政规格提升了一级。赵构南逃温州旋而北归后，选中了这座城市作为南宋的国都，正是因为这座城市确确实实是个好地方。

李清照移居临安，结束了流亡生活，她总算长长地松了一口气。然而，刚刚住下不久，她就再一次病倒了。这场病比在建康那次要重得多，昏迷中的李清照已到了"牛蚁不分"的程度。弟弟李迒都不得不去为她准备棺木了。也许是她命太硬，死神始终没有把她带走，她硬是挺了过来，没有踏进那越来越近的死亡之门。也许是她命太苦，这场病在她生活历程上又造成了一次新的不幸。这次不幸是一次心灵上的创伤，它差一点改写了李清照后半生的历史。这次不幸也给人们留下了一个长久的话题，直到八百多年后的今天，人们还在为这次不幸的虚实是非而争论不休。因此，当我们在下文中叙述李清照人生道路上的这次不幸时，不能不持十分慎重的态度。

事情的大概是这样的：

当李清照的病刚刚脱离危险期时，她的弟弟李迒接待了一位客人。此人名叫张汝舟，是崇宁年间进士，当时在诸军审计司担任右承奉郎。落座之后，张汝舟说明了此行的来意。原来，他是来求婚的。他说，自己早就仰慕李清照的出众才华，听说李清照建康丧夫之后，对清照十分同情。自己现在也是单身，很希望能与李清照结为连理，二人互相照应着共同度过后半生，等等。这张汝舟没有别的本事，就是嘴巧，会演戏。当说到对李清照的敬佩时，竟连连背诵了李清照的十几首词和她在

17岁时写的长诗《浯溪中兴颂诗和张文潜》。当说到对李清照的同情时，他竟像抑制不住似的留下了几滴泪水。

李远见张汝舟衣冠楚楚、仪表堂堂、温文儒雅、知情达理，心中不免一动。他想，姐姐跟着自己毕竟不是长久之计，倘有一个合适的人嫁过去，姐姐的后半生也有一个好归宿。眼前这位张汝舟看来还不错，再说，姐姐病了这么长时间，也真需要有个知冷知暖的人照顾。嫁过去，无论从长远说还是从近处说，都是好事。但是他对张汝舟心中没有实底，便试探着说："家姐目前重病在身，恐不是谈婚论嫁的时候。"

善于察言观色的张汝舟早把李远的心思看在了眼里，他装作十分吃惊的样子道："阿姐玉体欠安，汝舟实在不知，歉甚歉甚。"接着，他一转话头，又道："不过，越是这种时候，阿姐越需要人疼爱照料。汝舟不才，然小通医道，略知岐黄，如能在阿姐身边尽绵薄之力，也是汝舟此生一幸。"随后，张汝舟便以李家有病人，自己不宜久坐为由，很有礼貌地告辞了。在李远送客出门时，张汝舟再三说明，自己登门求婚是诚心实意的，并且祝愿李清照早日康复云云。

打那以后，张汝舟隔三岔五地来李家，有时还带些礼品，称言让李清照好好补补身子等等。李远对张汝舟越来越有好感，最后还是答应了这门婚事。

大病未愈的李清照，在这一年的四五月间被张汝舟接走了。

那么，李清照对这件事情是怎么想的呢？她是十分情愿地再嫁张汝舟的，还是并不情愿却又无可奈何？也许她在经受流离之苦之后，太害怕再过孤身度日的生活了，她迫切需要一个依靠，希望能安度晚年；也许她和弟弟一样，真的相信了张汝舟的人品，以为此人正是一个可靠的依靠；也许她还幻想能和当年与赵明诚在一起那样，再次享受恩爱和谐的幸福；也许她不愿意再连累弟弟了，她想尽早让弟弟减轻一点负担。因此，她接受了弟弟的建议，做出了再嫁的决定。这只是人们后来的分析，她究竟是自愿的还是不自愿的？如果是自愿的，那又究竟是为什么？人们在李清照留下的所有文字中，找不到关于这个问题的明确答案。所以，它成了一个永久的谜。

也有人分析道，李清照再嫁是不自愿的，是她弟弟李远在她病危昏迷时，擅自做主把她送走的，李清照本人当时并不知道是怎么回事。如果是这样的话，李远岂不有违手足之情？就算不是为了"卸包袱"而确确实实是为了姐姐晚年幸福的话，这等婚嫁大事，就不能等李清照病情好转后再办吗？总之，不管哪种说法，都是后人的推测。李清照在后来所作的一篇谢启中曾这样记述了自己当时的情况："俛俛难言，优柔莫决，呻吟未定，强以同归。"（见《投内翰綦公崇礼启》）由此可知李清照当时确曾为难过、犹豫过，对这件事情她是知道的，而且是思考过的，最后她还是强迫自己答应了下来。说李清照本人在完全不知情的情况下被人嫁了出去，显然是不合事理的。

张汝舟迎娶李清照后，最初对李清照还不错。他很是得意，甚至有些得意忘形了，为了炫耀自己多么多么"有本事"，他连自己当年参加科举时如何作弊的隐私也吐露了出来。对张汝舟的一言一行，李清照始终在冷静观察着，因为此人对她来说毕竟太陌生了，而且接触不久她便感到，此人似乎有些不地道。果然，二人才共同生活了两个多月，张汝舟的嘴脸就开始暴露了。原来，张汝舟死乞白赖地要娶李清照，是冲着李清照身边那些尚存的文物而来的。李清照过门一段时间之后，他觉得

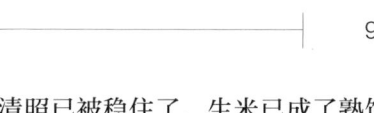

李清照已被稳住了，生米已成了熟饭，便开始向李清照伸手了。对张汝舟的要求，李清照当然不能答应，因为那些东西是她与赵明诚共同的心血。张汝舟见来软的不行，便开始来硬的了。他疯狂地虐待李清照，甚至恶毒地痛打她，逼她就范。可怜李清照那病弱之躯，怎堪这般虐待！李清照意识到，要想结束这一切，只有早早离开张汝舟；而要想离开张汝舟，必须有充分的理由。在夫权至上的封建时代，法律是不保护受虐的女人的，张、李之间的事情，人们只会认为是家务事，官方不予以理睬。因此，李清照的苦楚是无处可申诉的。但是，刚烈的李清照决不能继续忍受下去，她要给张汝舟一个重重的回击。于是，她向官府告发了张汝舟"妄增举数入官"的罪行。

那么，什么叫"妄增举数入官"呢？原来，宋代科举制度规定，举人们在参加省试时，要在试卷上写上自己参加省试的次数（即"举数"），年龄大、参加省试次数多的人按规定会受到优待，虽考试成绩不好也有可能特别录取并授官。当然，"举数"是必须如实填写的，绝对不允许虚报。然而张汝舟却在省试时多报了自己的"举数"，侥幸被录取了。本来，李清照也知道俗话说的"打人不打脸，揭人不揭短"，可是她实在没有别的办法来保护自己了，她只有以此来进行抗争。再说，李清照知道，自己这样做是要付出巨大的代价的，因为，《宋刑统·斗讼律》规定：凡是告发自己的父母、祖父母、外祖父母、丈夫，以及丈夫的祖父母的人，即便告发的内容属实，本人也要被判刑两年。也就是说，张汝舟的罪行即便查证属实，在张汝舟将要受到处罚的同时，李清照也至少要判刑两年。在今天的人们看来，这种法律规定简直是荒唐透顶。可是在那个时代，这种荒唐的规定确确实实是白纸黑字写在国家的法典上的。

　　李清照显然是豁上了。当年她抒发的"生当作人杰，死亦为鬼雄"的豪情，在此时已变成了慷慨昂扬的实际行动。谁说李清照是一个只知悲悲凄凄的柔弱女子？谁说李清照是一个只能写几句诗词的女文人？在关键时刻，她以宁可做出牺牲也要解放自己的壮烈之举告诉人们：李清照是不可辱的！

　　事情的结果是，张汝舟对自己的罪过供认不讳，被罢免了官职，遣送到柳州加以管制。李清照与张汝舟离异，同时也踏进了牢狱之门。

　　李清照讼张汝舟一案引起了许多人的关注，当时在朝中任翰林学士的綦崇礼就帮了李清照很大忙。綦崇礼是山东高密人，与赵明诚家有点亲戚关系。他是政和年间进士，高宗赵构南逃时，他一直伴随左右，因此很受皇帝信任。有綦崇礼这样的朝廷重臣出面说话，官府不能不给面子。所以，李清照只被关押了9天，官府便找了个理由，把她放了。

　　李清照再嫁并毅然离异的事，在南宋便有多家记载，这里择主要的列举于下。

　　李心传《建炎以来系年要录》卷五十八：

　　　　"右承奉郎监诸军审计司张汝舟属吏，以汝舟妻李氏讼其妄增举数入官也。其后有司当汝舟私罪徒，诏除名，柳州编管。十月己酉行遣。李氏，格非女，能为歌词，自号易安居士。"

　　胡仔《苕溪渔隐丛话》前集卷六十：

"近时妇人,能文词如李易安,颇多佳句。……易安再适张汝舟,未几反目,有《启事》与綦处厚云:'猥以桑榆之晚景,配兹驵侩之下材'。"

王灼《碧鸡漫志》卷二:

"易安居士,京东路提刑李格非文叔之女,建康守赵明诚德甫之妻。自少年便有诗名,才力华赡,逼近前辈。在士大夫中,已不多得,若本朝妇人,当推词采第一。赵死,再嫁某氏,讼而离之,晚节流荡无归。"

洪适《隶释》卷二十六:

"赵君名明诚,字德夫,密州诸城人,故相挺之之子也。……赵君无嗣,李又更嫁。"

晁公武《郡斋读书志》卷四下:

"《李易安集》十二卷,右皇朝李氏格非之女,先嫁赵诚之,有才藻名。……然无检操,后适张汝舟,不终晚节,流落江湖间以卒。"

以上几人,都是南宋人,有的还是李清照同时代人。如胡仔《苕溪渔隐丛话》成书时,李清照65岁;王灼《碧鸡漫志》成书时,李清照66岁。两书中所记李清照改嫁事时,李清照尚健在。就赵家而言,虽然赵明诚的二哥赵思诚刚刚去世一年,但赵家在泉州尚有一大家人口。胡、王二人是不会在清照还健在、赵家有一大家人时胡乱给李清照造谣的。应该说，南宋诸人的记载是可信的。时间过了四百多年以后，明代人徐𤊹提出要为李清照改嫁一事"辩诬"，认为李清照改嫁之说是对这位女才子的诬蔑。到了清朝中叶，又有俞正燮等一批人群起"辩诬"。20世纪五六十年代，黄盛璋、王仲闻等学者以历史唯物主义的科学态度对明清诸人的"辩诬"进行了系统批驳，肯定了李清照曾改嫁这一事实。然而进入20世纪80年代后，又有人再掀"辩诬"之潮，于是又一次引发了对李清照改嫁问题的争论。直到现在，两种意见仍相持不下。古今为李清照改嫁"辩诬"者，都只是凭推理来认定李清照不会改嫁的，没有拿出足以推翻宋人记载的文献证据或考古证据，故我们在此不予采信。其实，对李清照这位杰出的女文学家来说，其改嫁与否，丝毫不影响她在文学史上的不朽地位。在没有新的文献资料或考古资料发现之前，承认宋人文献记载还是应该的。

李清照出狱之后，十分感谢綦崇礼的帮助，特地写了一封感谢信。后人在辑录李清照作品时，将此文冠名为《投内翰綦公崇礼启》。李清照在这篇谢启中，声泪俱下地叙述了自己在病重时受骗改嫁的经过，以及张汝舟虐待自己的罪行，在向綦崇礼再三表示谢意的同时，还请他在社会上多为自己说说话，以便消除不知实情的人的误会和别有用心的人的诽谤。这篇谢启，是一篇骈体文，其文辞工整典丽，足见李清照文学功底之深厚。因此启篇幅较长，这里我们只引录以下几个片段。

谢启中，在写到自己再婚后的处境时道：

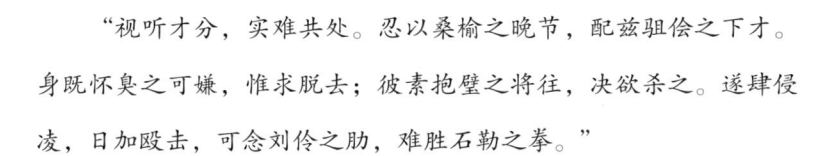

"视听才分，实难共处。忍以桑榆之晚节，配兹驵侩之下才。身既怀臭之可嫌，惟求脱去；彼素抱璧之将往，决欲杀之。遂肆侵凌，日加殴击，可念刘伶之肋，难胜石勒之拳。"

在写到与张汝舟打官司的情景时道：

"被桎梏而置对，同凶丑以陈词。岂惟贾生羞绛灌为俦，何啻老子与韩非同传。但祈脱死，莫望偿金。友凶横者十旬，盖非天降；居囹圄者九日，岂是人为！"

在写到自己的懊悔之情以及请綦崇礼帮忙维护自己声誉时道：

"清照敢不省过知惭，扪心识愧！责全责智，已难逃万世之讥；败德败名，何以见中朝之士。虽南山之竹，岂能穷多口之谈；惟智者之言，可以止无根之谤。"

在写到自己今后的打算时道：

"誓当布衣蔬食，温故知新。再见江山，依旧一瓶一钵；重归畎亩，更须三沐三薰。"

在中国古代文体中，骈体文是一种十分独特的形式。它起源于汉、魏，盛于南北朝，至隋唐余风尚劲。由于这种文体要求语言要对偶，声韵要和谐，辞采要华美，用典要贴切，因而写作难度比较大。又由于后来的一些骈体文作者只注重堆砌辞藻、罗列典故，逐渐坠入形式主义泥潭，因而遭到了以"唐宋八大家"为代表的古文派的坚决反对。到宋朝时，写骈体文的已不很多了。从这篇谢启的文笔来看，李清照确实是多才多艺。她那驾驭语言的功力、丰富的文史知识，是一般男文人也难望其项背的。

与张汝舟离异之后，李清照更加思念丈夫赵明诚了。有一天，她独自一人来到了西湖孤山。孤山的梅树大多还未开花，只有几株枝条上刚刚绽开了三五朵。李清照折下一枝，拿在手中，又默默地在梅林里徘徊了好久，才回到住处。路上，她想起了南北朝诗人陆凯的《赠范晔诗》："折梅逢驿使，寄与陇头人。江南无所有，聊赠一枝春。"她忽然异想天开，心想，要是能碰到一位"驿使"，把这枝梅花给赵明诚送去，该有多好啊！

夜里，李清照果然梦见了赵明诚，他正拿着李清照送去的梅花笑呢。天还未亮，李清照就起床了，她找出诗笺，写下了一首《孤雁儿》：

藤床纸帐朝眠起，说不尽、无佳思。沉香断续玉炉寒，伴我情怀如水。笛声三弄，梅心惊破，多少游春意。

小风疏雨萧萧地，又催下、千行泪。吹箫人去玉楼空，肠断与谁同倚？一枝折得，人间天上，没个人堪寄。

写罢，李清照又读了一遍，然后又拈笔在词前加了一个小序：

"世人作梅词，下笔便俗。予试作一篇，乃知前言不妄耳。"

其实，这首《孤雁儿》，与其说是咏梅词，不如说是悼亡词。李清照在这里托物寄情，既表达了对亡夫的深切悼念之意，同时也倾诉了自与张汝舟离异之后，李清照更加思念丈夫赵明诚了。

己失去亲爱伴侣之后的悲怆、幽怨之情。李清照知道，自古以来写咏梅诗词的人太多了，要想脱离俗套创出新意是很难的。所以她对自己这首并不给予过高评价。公道地说，该词在李清照作品中虽不算上乘，却也堪称佳作。

江南局势渐趋稳定，李清照做好了定居临安的打算，开始整理剩下的那些文物了。这次整理，李清照一是要清点一下，看看自己在青州一件件挑出的东西，究竟还剩了哪些。更主要的是，那每一卷书、每一轴字画、每一具铜器、每一帙碑帖，都能引起她对往事的回忆。清点的结果多少给了李清照一点安慰，虽然东西只剩下一小部分，但赵明诚嘱咐她要特别保护的三代古鼎还在；书籍中手写本李白、杜甫、韩愈、柳宗元的集子，及《世说新语》《盐铁论》等还在；另外还有数十轴汉唐石刻副本以及少量书帖卷轴等等。特别令李清照欣慰的是，赵明诚编写的《金石录》手稿仍完整无缺地保留着。她手捧赵明诚手稿，感到就像赵明诚本人站在自己身边一样。她想起了当年在青州归来堂度过的日子。那时候，她每天晚上都陪伴着丈夫，帮助丈夫整理卷帙，抄抄写写。赵明诚有拿不准的地方，总爱跟她商量商量，对她的意见，赵明诚认为有道理的，便一定吸取。这部《金石录》，实际上是李清照与丈夫共同劳动的结晶。

李清照抚摸着《金石录》手稿，默默下了一个决心：自己再将《金石录》仔细校订一遍，在有生之年，一定使其刊行于世，以此来告慰赵明诚的在天之灵。

李清照全身心地投入到校订《金石录》的工作中去以后，诗词创作暂时搁置了。直到宋绍兴三年（1133）五月，她才重新握起了诗笔。这次，李清照不写则已，一写就写了一首长诗。在李清照的所有诗作中，该诗是最长的一首。随后她又作了一首七律，两首诗合起来，题为《上枢密韩肖胄诗二首》。诗前有小序如下：

绍兴癸丑五月，枢密韩公、工部尚书胡公使虏，通两宫也。有易安室者，父祖皆出韩公门下。今家世沦替，子姓寒微，不敢望公之车尘。又贫病，但神明未衰落。见此大号令，不能忘言，作古、律诗各一章，以寄区区之意，以待采诗者云。

第一首诗是：

三年夏六月，天子视朝久。
凝旒望南云，垂衣思北狩。
如闻帝若曰，岳牧与群后。
贤宁无半千，运已遇阳九。
勿勒燕然铭，勿种金城柳。
岂无纯孝臣，识此霜露悲。
何必龚舍肉，便可车载脂。
土地非所惜，玉帛如尘泥。
谁当可将命，币厚辞益卑。
四岳佥曰俞，臣下帝所知。
中朝第一人，春官有昌黎。
身为百夫特，行足万人师。
嘉祐与建中，为政有皋夔。

匈奴畏王商，吐蕃尊子仪。

夷狄已破胆，将命公所宜。

公拜手稽首，受命白玉墀。

曰臣敢辞难，此亦何等时。

家人安足谋，妻子不必辞。

愿奉天地灵，愿奉宗庙威。

径持紫泥诏，直入黄龙城。

单于定稽颡，侍子当来迎。

仁君方恃信，狂生休请缨。

或取犬马血，与结天日盟。

胡公清德人所难，谋同德协心志安。

脱衣已被汉恩暖，离歌不道易水寒。

皇天久阴后土湿，雨势未回风势急。

车声辚辚马萧萧，壮士懦夫俱感泣。

闾阎嫠妇亦何知，沥血投书干记室。

夷虏从来性虎狼，不虞预备庸何伤。

衷甲昔时闻楚幕，乘城前日记平凉。

葵丘践土非荒城，勿轻谈士弃儒生。

露布词成马犹倚，崤函关出鸡未鸣。

巧匠何曾弃樗栎，刍荛之言或有益。

不乞隋珠与和璧，只乞乡关新信息。

灵光虽在应萧萧，草中翁仲今何若。

遗氓岂尚种桑麻，残虏如闻保城郭。

嫠家父祖生齐鲁，位下名高人比数。

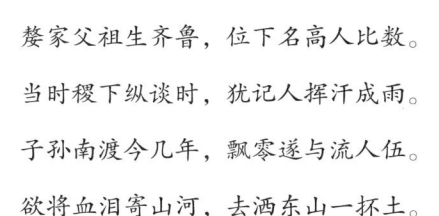

当时稷下纵谈时，犹记人挥汗成雨。

子孙南渡今几年，飘零遂与流人伍。

欲将血泪寄山河，去洒东山一抔土。

第二首诗是：

想见皇华过二京，壶浆夹道万人迎。

连昌宫里桃应在，华萼楼前鹊定惊。

但说帝心怜赤子，须知天意念苍生。

圣君大信明如日，长乱何须在屡盟。

李清照写这两首诗的背景是这样的：高宗赵构在临安安安稳稳地当了几天皇帝之后，忽然想起了被囚于北国的父兄，他决定要派"通问使"到金国去探望问候二帝。这样做，一是可以向国人做出一种姿态，以证明自己还是关心自己的父兄的。二来，他也想以此来试探一下金人，自己求和的打算究竟有无可行性。如果此次"通问使"能顺利进行，则说明金人未必非要跟他过不去，只要金人同意保住他的皇位，他是不惜一切代价也要向金人求和的。

朝中百官听说皇帝要派特使出使金国，都怕这个差事摊到自己头上。因为宋、金两国已敌对多年，三年前金兵北撤后，还在金国全境内搜捕"南人"呢，凡被逮着的"南人"，皆在耳朵上刺字，立价发卖给金贵族做奴隶。此次出使金国，还不是如同到虎狼窝里去一样，说不准就会有去无回呢！也有人挺身而出愿承担重任，一位是端明殿学士、同签枢密院事韩肖胄，一位是工部尚书胡松年。于是，高宗任韩肖胄为通问使，胡松年为副使，命他们择日北上。

　　李清照听说这一消息之后，十分激动。因为她自建炎元年（1127）离开青州，一直在深切地挂念着处于水深火热中的中原父老，也一直在为徽、钦二帝担心。此次韩、胡二位大臣出使金国，不仅对徽、钦二帝是一次慰问，对北方的父老乡亲也是一个安慰和鼓舞。李清照夜不能寐，特写了这两首诗为韩肖胄送行。细说起来，李清照家与韩家原本是有些瓜葛的。韩肖胄是北宋名相韩琦的曾孙，韩琦在仁宗、英宗、神宗三朝当过宰相。韩肖胄的祖父韩忠彦在徽宗建中靖国元年（1101）也当过宰相。李清照的祖父和父亲曾先后受到过韩琦和韩忠彦的赏识与荐举。由于两家有这些历史渊源，所以李清照对韩肖胄此次受命出使金国格外关注，这也是她之所以要特地写诗送行的一个原因。

　　第一首诗由于太长，读者在阅读时可分作四段细细欣赏。前十八句可作为第一段，李清照写了高宗派韩、胡出使金国的原因——思念"北狩"之二帝。但是她对此并未给予高度评价，因为她并不赞成高宗一味求和的做法。她希望有人能像窦宪那样，北破单于，刻石纪功；能像桓温那样，收复失地，重见旧地杨柳。对最高统治当局不惜代价求和的决策，她不能不表示遗憾。从"四岳佥曰俞"到"与结天日盟"为第二段。诗人高度赞扬了韩肖胄的品德和才能，勉励其很好地完成出使重任，要大振国威，让金人像当年匈奴、吐蕃人害怕王商、郭子仪那样，在大宋使臣面前不能不慑服；要以对敌人极度蔑视的精神和敢于斗争的胆略，争取在谈判中与敌人达成平等协议。从"胡公清德人所难"到"壮士懦夫俱感泣"为第三段。诗人表达了对韩、胡二位的期望，希望他们像韩信忠于汉室、荆轲勇于赴难那样，出色地完成使命。诗人还想象了为二公送行的悲壮场面，从而再度对二人表示钦敬之意。从"闾阎嫠妇亦何知"至结尾为第四段。诗人以一名民间寡妇的身份对肩负重任的二公进几句"刍荛之言"：一要高度警惕，慎重行事，防患于未然；二要多带回些中原人民的消息，如旧日胜迹今已如何、故人坟前已是何等景象、老百姓是否还能耕种桑麻、中原城郭是否还有金兵镇守，等等；三要请二位使者带去自己的一个心愿——"欲将血泪寄山河，去洒东山一抔土"。

第二首诗中，李清照想象了宋使北行之后，将会受到沦陷区人民何等的欢迎，可见北方人民是何等向往大宋，向往光明；指出敌人的掠夺本性不会改变，不必与敌人屡订和盟。

这两首诗在叙事与抒情的结合中，表达了诗人强烈的感情和深刻的思想。诗中既有尖锐的揭露、严厉的谴责，也有冷静的分析、积极的建议；既有椎心泣血般的悲痛，也有气贯长虹般的豪情。更为可贵的是，诗中充满了诗人对人民和祖国的深厚的爱，也表现了诗人不凡的政治远见和不屈的斗争精神。如果掩去该诗作者姓名，人们很难想象得出，如此大气的作品，竟会出自一位"闾阎嫠妇"之手。

时光过得真快，转眼又过去了一年。当宋绍兴四年（1134）的酷暑将要退去时，李清照校订《金石录》的工作已进入扫尾阶段了。将近两年中，李清照没白没黑地忙着，人明显地瘦了许多。这项工作不是简单的文字上的修订，比方说，有时候为了核实一段跋语，要去查阅大量的文献资料。李清照深知，从事学术研究，是容不得半点粗心马虎的，也是绝对不允许弄虚作假、自欺欺人的。这部《金石录》，是一部十分有学术价值的专著。书中著录了赵明诚所见所藏的从上古到五代钟鼎、彝器、铭文、款识及碑铭、墓志、石刻、文字，凡三十卷。其中前十卷为目录，将2000种金石刻按时代顺序编排，每一目下标出年月和撰写、书写人姓名。后二十卷为考证，计有跋文502篇。赵明诚在这些跋文中，依据自己所收石刻拓片，对以往正史中的许多错误记载进行了指正。特别是对《新唐书》《旧唐书》，赵明诚考证后发现了许多误记，为后人排除了唐史研究中的一些困难。对赵明诚深厚的学术功底和严谨的治学态度，李清照是十分了解的。她之所以还要对这部书详加校订，主要是为了精益求精，为了对社会、对历史高度负责。在精心校订《金石录》的日子里，她每天都重见丈夫手迹，就像每天都见到了赵明诚一样。她仿佛觉得赵明诚并没有走，他就在自己身边，他永远在陪伴着自己。

起秋风了。李清照算了一下，这一天是八月的朔日（初一），她望着案上全部校订完的三十卷《金石录》，不禁心潮澎湃。她想起了许多许多：

在东京大相国寺，赵明诚发现一幅难得的碑帖时，那份惊喜，那份求之不得的激动；

在青州归来堂，赵明诚告别清照外出寻访碑刻归来时，那份小别胜新婚的亲热，那份饭罢猜书斗茶的欢乐；

在莱州静治堂，赵明诚秉烛撰写《金石录》时，那份全神投入，那份认真仔细；

在淄州，赵明诚深夜急驰回家，向清照展示白居易书《楞严经》

时,那份狂喜;

在江宁城头,赵明诚和清照踏雪寻诗时,那份写不出和诗的尴尬;

在池阳码头,赵明诚告别清照急赴建康时,那份异常的急切和兴奋;

在建康,赵明诚临终写绝笔诗时,那份昂扬和从容;

……

想着想着,李清照忽然产生了一个念头,自己该为这部《金石录》写点什么:她要把这部《金石录》诞生的整个过程写下来,要把《金石录》的重要价值和意义写下来,还要把自己大半生的酸甜苦辣写下来。于是,她一气呵成,写下了一篇《〈金石录〉后序》。这篇《后序》,长达两千余字。由于这篇文章写得实在太好也实在太重要了,所以,尽管原文很长,这里还是应该全文录下:

右《金石录》三十卷者何?赵侯德父所著书也。取上自三代,下讫五季,钟、鼎、甗、鬲、盘、匜、尊、敦之款识,丰碑大碣、显人晦士之事迹,凡见于金石刻者二千卷,皆是正讹谬,去取褒贬,上足以合圣人之道,下足以订史氏之失者皆载之,可谓多矣。

呜呼!自王涯、元载之祸,书画与胡椒无异;长舆、元凯之病,钱癖与《传》癖何殊?名虽不同,其惑一也。

余建中辛巳始归赵氏。时先君作礼部员外郎,丞相时作吏部侍郎,侯年二十一,在太学作学生。赵、李族寒,素贫俭。每朔望谒告出,质衣取半千钱,步入相国寺,市碑文果实归,相对展玩咀嚼,自谓葛天氏之民也。后二年,出仕宦,便有饭蔬衣练,穷遐方绝域，尽天下古文奇字之志。日就月将，渐益堆积。丞相居政府，亲旧或在馆阁，多有亡诗逸史、鲁壁、汲冢所未见之书，遂尽力传写，浸觉有味，不能自已。后或见古今名人书画，三代奇器，亦复脱衣市易。尝记崇宁间，有人持徐熙《牡丹图》，求钱二十万。当时虽贵家子弟，求二十万钱，岂易得邪？留信宿，计无所出而还之。夫妇相向惋怅者数日。

后屏居乡里十年，仰取俯拾，衣食有余。连守两郡，竭其俸入以事铅椠。每获一书，即同共校勘，整集签题。得书画彝鼎，亦摩玩舒卷，指摘疵病，夜尽一烛为率。故能纸札精致，字画完整，冠诸收书家。余性偶强记，每饭罢，坐归来堂烹茶，指堆积书史，言某事在某书某卷第几叶第几行，以中否角胜负，为饮茶先后。中即举杯大笑，至茶倾覆怀中，反不得饮而起。甘心老是乡矣！虽处忧患困穷而志不屈。收书既成，归来堂起书库大橱，簿甲乙，置书册。如要讲读，即请钥上簿，关出卷帙。或少损污，必惩责揩完涂改，不复向时之坦夷也。是欲求适意而反取憀慄。余性不耐，始谋食去重肉，衣去重采，首无明珠翡翠之饰，室无涂金刺绣之具，遇书史百家字不刊阙、本不讹谬者，辄市之，储作副本。自来家传《周易》《左氏传》，故两家者流，文字最备。于是几案罗列，枕席枕藉，意会心谋，目往神授，乐在声色狗马之上。

至靖康丙午岁，侯守淄川，闻金人犯京师，四顾茫然，盈箱溢箧，且恋恋，且怅怅，知其必不为己物矣。建炎丁未春三月，奔太夫人丧南来，既长物不能尽载，乃先去书之重大印本者，又去画之多幅者，又去古器之无款识者，后又去书之监本者，画之平常者，器之重大者：凡屡减去，尚载书十五车。至东海，连舻渡淮，又渡江，至建康。青州故第尚锁书册什物，用屋十余间，期明年春再具舟载之。十二月，金人陷青州，凡所谓十余屋者，已皆为煨烬矣。

建炎戊申秋九月，侯起复知建康府。己酉春三月罢，具舟上芜湖，入姑孰，将卜居赣水上。夏五月，至池阳，被旨知湖州，过阙上殿，遂驻家池阳，独赴召。六月十三日，始负担，舍舟坐岸上，葛衣岸巾，精神如虎，目光烂烂射人，望舟中告别。余意甚恶，呼曰："如传闻城中缓急，奈何？"戟手遥应曰："从众。必不得已，先弃辎重，次衣被，次书册卷轴，次古器；独所谓宗器者，可自负抱，与身俱存亡，勿忘也！"遂驰马去。途中奔驰，冒大暑，感疾，至行在，病痁。七月末，书报卧病。余惊怛，念侯性素急，奈何！病痁或热，必服寒药，疾可忧。遂解舟下，一日夜行三百里。比至，果大服柴胡、黄芩药，疟且痢，病危在膏肓。余悲泣，仓皇不忍问后事。八月十八日，遂不起。取笔作诗，绝笔而终，殊无分香卖履之意。

葬毕，余无所之。朝廷已分遣六宫，又传江当禁渡。时犹有书二万卷，金石刻二千卷，器皿、茵褥，可待百客，他长物称是。余又大病，仅存喘息。事势日迫，念侯有妹婿任兵部侍郎，从卫在洪州，遂遣二故吏，先部送行李往投之。冬十二月，金人陷洪州，遂尽委弃。所谓连舻渡江之书，又散为云烟矣。独余少轻小卷轴书帖，写本李、杜、韩、柳集，《世说》《盐铁论》，汉唐石刻副本数十轴，三代鼎鼐十数事，南唐写本书数箧，偶病中把玩、搬在卧内者，岿然独存。

　　上江既不可往，又虏势叵测，有弟迓任敕局删定官，遂往依之。到台，台守已遁。之剡，出陆，又弃衣被。走黄岩，雇舟入海，奔行朝，时驻跸章安。从御舟海道之温，又之越。庚戌十二月，放散百官，遂之衢。绍兴辛亥春三月，复赴越。壬子，又赴杭。

　　先侯疾亟时，有张飞卿学士，携玉壶过视侯，便携去，其实珉也。不知何人传道，遂妄言有"颁金"之语；或传亦有密论列者。余大惶怖，不敢言，亦不敢遂已，尽将家中所有铜器等物，欲赴外廷投进。到越，已移幸四明。不敢留家中，并写本书寄剡。后官军收叛卒，取去，闻尽入故李将军家。所谓岿然独存者，无虑十去五六矣。惟有书画砚墨可五七簏，更不忍置他所，常在卧榻下，手自开阖。在会稽，卜居土民钟氏舍。忽一夕，穴壁负五簏去。余悲恸不得活，重立赏收赎。后二日，邻人钟复皓出十八轴求赏，故知其盗不远矣。万计求之，其余遂牢不可出。今知尽为吴说运使贱价得之。所谓岿然独存者，乃十去其七八。所有一二残零不成部帙书册，三数种平平书帖，犹爱惜如护头目，何愚也邪！

　　今日忽阅此书，如见故人。因忆侯在东莱静治堂，装卷初就，芸签缥带，束十卷作一帙。每日晚吏散，辄校勘二卷，跋题一卷。此二千卷，有题跋者五百二卷耳。今手泽如新，而墓木已拱，悲夫！

　　昔萧绎江陵陷没，不惜国亡而毁裂书画；杨广江都倾覆，不悲身亡而复取图书。岂人性之所著，死生不能忘之欤？或者天意以余

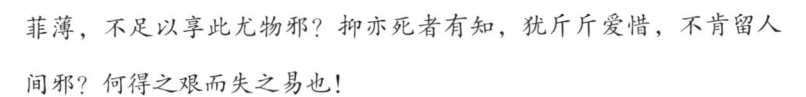

菲薄，不足以享此尤物邪？抑亦死者有知，犹斤斤爱惜，不肯留人间邪？何得之艰而失之易也！

呜呼！余自少陆机作赋之二年，至过蘧瑗知非之两岁，三十四年之间，忧患得失，何其多也！然有有必有无，有聚必有散，乃理之常；人亡弓，人得之，又胡足道？所以区区记其终始者，亦欲为后世好古博雅者之戒云。

绍兴二年玄默岁壮月朔甲寅，易安室题。

该文第一节开宗明义，由《金石录》入题。接着，便要言不烦地说明了此书的内容和价值。随后，笔锋一转，发表了一段精辟的议论并借此抒发了自己的感慨。文章从第二节起，转入叙事抒情。李清照追述了自己从18岁嫁到赵家起，与赵明诚共同收集整理金石文物的生活，以及这些文物后来历经劫难、散失毁弃的经过。以"得之艰而失之易"为主线，贯穿全文。叙"得之艰"时，愉悦之情溢于言表；言"失之易"时，一字一泪、一言一叹。文中详细记述了李清照与丈夫"虽处忧患困穷而志不屈"，同心协力收集、整理古籍的经过。这段文字，以叙事为主，读者在这叙事中，不仅可以看出赵、李二人全身心投入事业的专注，也可感受到他们志趣之高雅、生活之谐美。在接下来叙述国破家亡的岁月中那些文物所遭遇的灾难时，李清照用详细罗列时间的方式，记述了当时时局的危艰和所经历的坎坷。特别是在叙述赵明诚病逝的经过时，文中先写了赵明诚在池阳告别时的勃勃生气，然后才写了突然而至的不幸，用强烈的对比表现了作者因丈夫突然离去而受到的沉重打击。随后，又一一列举了文物在动荡之中屡遭损失的详细过程，在如泣如诉中，表达了作者的沉痛心情。

在文章第三节，李清照再次发出了"三四十年之间，忧患得失，何其多也"的感慨，并且自我安慰道："有有必有无，有聚必有散，乃理之常。人亡弓，人得之，又胡足道。"最后，说明了自己不厌其烦地记述文物得失经过的原因——"欲为后世好古博雅者之戒"。

李清照该文之所以称为"后序"，是因为赵明诚生前已为该书写过一序了。这篇后序，既因事生，也因情发，因此，睹物怀人、抚今追昔，是贯穿全文的感情线索。李清照一生的大喜大悲，都在这篇序文中表现了出来。由于文中展示了广阔的社会背景，所以，此文所记虽为一家一姓之灾难，反映出的却是社会的悲剧、时代的悲剧。

李清照写的这篇后序，是一篇十分优秀的散文。文章追述了李清照与赵明诚的共同经历，也追忆了作者本人少历繁华、中经丧乱、晚境凄凉的大半生。从文章细致入微、声情并茂的叙述中，读者可以感受到李清照所经历的国破家亡的时代悲剧。全文以睹物怀人、抚今追昔为情感线索，以慨叹文物"得之艰而失之易"为结构主线，字字浸透着真挚的情爱和深沉的思念。文字如行云流水，开阖自如，清新俊逸。它虽然是一篇序，但它绝不是《金石录》的说明书，也绝不是记录文物得失的流水账，而是一篇叙事与抒情兼美的散文。在中国古代文学史上，女子作散文最成功者，当推这篇《〈金石录〉后序》。明代著名书法家、学者祝允明在读了《〈金石录〉后序》后说："有此文才，有此智识，亦闺阁之杰也。"（《古今文致》引）清代学者李慈铭评说道："阅赵明诚《金石录》，其首有李易安后序一篇，叙致错综，笔墨疏秀，萧然出町畦之外。予向爱诵之，谓宋以后闺阁之

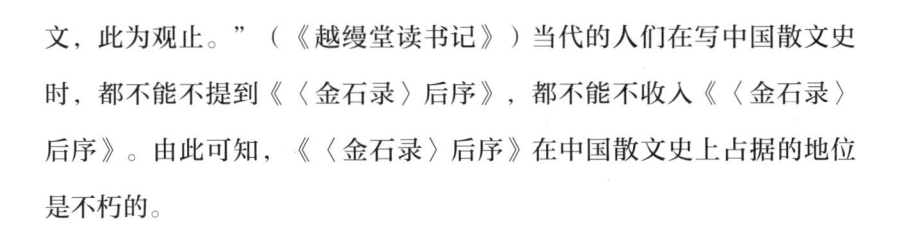

文，此为观止。"(《越缦堂读书记》)当代的人们在写中国散文史时，都不能不提到《〈金石录〉后序》，都不能不收入《〈金石录〉后序》。由此可知，《〈金石录〉后序》在中国散文史上占据的地位是不朽的。

当李清照一口气将这篇两千多字的后序写完之后，已是后半夜了。她看着那一大堆《金石录》书稿，心中暗暗下定了决心，一定要想尽办法让这部《金石录》刊行于世。

第七章

避乱金华

秋天，是一个美好的季节，因为它是一个收获的季节，也是一个色彩斑斓的季节。然而，对于南宋江淮一带的老百姓来说，秋天也是一个不安的季节、灾难的季节。几乎每年秋天，金兵都要南犯，要来抢掠他们刚刚收获的果实。金兵仗着自己的马肥弓劲，肆无忌惮地糟蹋老百姓。来年开春之后，他们才满载"战利品"撤回北方。所以，每到秋天，老百姓就担惊受怕，皇帝和大臣们也不免忧心忡忡。

宋绍兴四年（1134）的秋天，又是一个不安的秋天。

九月，正当南宋派魏良臣去金国谈判求和的时候，金兵却与伪齐兵一起，大举渡淮攻宋了。说起伪齐兵，这里不能不补述这样一段史实：四年前，金兵在南追高宗未果而北撤之后，为了巩固他们在中原地区的统治，便在七月间封了汉奸刘豫为"齐帝"。九月，刘豫在大名府正式即位，成了傀儡政权"齐国"的"皇帝"。山东、河北一大片土地成了伪齐的"国土"，李清照的家乡济南也归属了伪齐。虽然伪齐的建立暂时停止了连绵不断的战火，但是老百姓仍然生活在水深火热之中。刘豫心甘情愿地扮演着儿皇帝的角色，为虎作伥，无恶不作。这次金兵南犯，伪齐兵便充当了金兵的马前卒，狐假虎威，气焰十分嚣张。

金兵与伪齐兵合军南犯的消息很快传到了杭州，朝廷惊慌了，百姓也惊慌了。四年前金兵纵火焚烧杭州城的惨景，人们记忆犹新，加上朝廷没有任何有效的抵抗措施，人们能不惊慌吗？一时间，江浙一带的大批难民涌向杭州，而杭州城里的人却又在准备到乡间去避难。整个杭州城乱成了一团。

李清照听说此次是伪齐兵与金兵合军南犯，更加痛恨刘豫这类汉奸卖国贼，便作了这样一首《咏史》诗：

> 两汉本继绍，新室如赘疣。
> 所以嵇中散，至死薄殷周。

诗的前两句借古喻今，指出东汉虽然是继西汉之后成立的，但二者毕竟是一个整体，至于王莽的"新"朝，只不过是赘附在这一完整肌体上的一个多余的瘤子而已。不言而喻，南、北宋之际的伪齐是个什么东西，也就可想而知了。后两句歌颂了一位注重气节、决不屈从邪恶势力的历史人物——嵇康。嵇康是曹魏皇室姻亲，当司马氏阴谋篡魏时，他挺身而出，批驳了司马氏提出的"禅让"的理论根据。他声称自己"每非汤、武而薄周、孔"（《与山巨源绝交书》），表示坚决不与司马氏合作。李清照借歌颂嵇康，表达了自己对刘豫之类的恶人疾恶如仇的政治立场。关于诗中对伪齐政权表达的轻蔑，有人曾认为这是一种封建正统观念。这显然是对古人的苛求，李清照这里所表现出来的恰恰是一种爱国主义思想。当民族矛盾十分尖锐、国家处于危难之时，大宋的旗号对于团结人民、保持民族的独立和尊严，是有积极意义的。李清照的这种"正统观念"恰恰是对祖国荣誉的维护，是对民族利益的维护。爱国主义，才是这首诗的主题。

十月，传闻形势越来越严峻，杭州城的大户人家十有八九已走了，普通人家也多在忙着打点行装、选择逃路。李清照只好跟随别人一起，乘船沿富春江而上，然后经兰溪到了金华，暂时借居在一位姓陈的人家里。

寓居金华的日子是十分无聊的，特别是那一个个长夜更是难熬。李清照只好以参加各种博局来打发日子，这样，一来可以散散心，二来也与外界多了一些接触。所谓博，实际上就是以某种游戏方式决胜负赌输赢。李清照向来好胜，因而特别喜欢参加各种博局，在争强斗胜中显示自己的实力。她最爱参加的一种博戏是"打马"。因这种博戏久已失传，今天的人们已不知其具体游戏方法了。据李清照《打马图经》所记，似乎是一种可以多人参加的棋牌游戏，甚至有人说就是当今麻将的前身。当时，打马有两种玩法，一种是一将十马，称之"关西马"；一种无将二十马，称之"依经马"。李清照特别喜欢玩依经马。由于她聪慧过人，所以只要她参加，胜券难落他人之手。渐渐地她成了远近闻名的打马高手。李清照并不满足于回回当赢家，她还要把自己的文学才华灌注到打马中去，于是她在依经马的基础上改进了玩法，创造了"命辞打马"的新游戏。这种玩法，参加者要根据输赢赏罚情况，各作命辞。李清照举过若干例子，如："行百里者半九十，汝其知乎？方兹万勒争先，千羁竞辔。得其中道，止于半途。如能迭其先驰，方许后来继进……""万马无声，恐是衔枚之后；千蹄不动，疑乎立仗之时。如能翠幕张油，黄扉启印；雁归沙漠，花发武陵。歌筵之小板初齐，天地之流星暂聚……"等等。每则命辞，都是一段小骈体文。

为了便于流传，李清照特地编写了《打马图经》，作了一篇《〈打马图〉序》和一篇《打马赋》。这里特别值得一提的是《打马赋》，这是李清照流传下来的唯一的一篇赋。在这篇赋中，李清照借谈论打马游戏，引用了大量有关战马的典故和历史上抗恶杀敌的雄壮故事，热情赞扬了像桓温、谢安等名臣良将的忠勇，并从而对南宋统治者不识良才、不思抗敌的行径进行了谴责。她在这篇赋中还表达了自己对收复失地的愿望、对抗敌英雄的钦敬和个人烈士暮年的感慨。在这篇赋结尾的"乱辞"中，李清照写道：

  佛狸定见卯年死，贵贱纷纷尚流徙。满眼骅骝杂骇骐，时危安得真致此？木兰横戈好女子，老矣不复志千里，但愿相将过淮水！

这篇《打马赋》，充分表现了李清照的爱国主义精神，字里行间可见其赤子之心、爱国之情。全篇气韵流动、铿锵有力，充满了豪壮之气，非大手笔实难写就。由此文也可尽见李清照那虽为女子却不让须眉的大丈夫气概。清人李汉章在读了李清照《打马赋》后曾题诗三首，其中一首写道：

  南渡偷安王气孤，争先一局已全输。

  庙堂只有和戎策，惭愧深闺《打马图》。

是啊，那些只知道在皇宫商议求和之策的"大人物"们，若读到李清照的《打马赋》，是该感到脸红的。

金华的冬天不长，转眼间就到春天了。这一年的春天也真怪，几乎天天都不紧不慢地下小雨，一场过后，地皮还没干，另一场接着又下起来了。李清照整天待在寓所，除了与同来逃难的人玩玩打马游戏以外，就是看看书，练练绘画，数着日子过了一天又一天。直到暮春时节，金华的天才放晴。

天放晴了，李清照的心情却更沉重了。她算计了一下，自己来金华已经半年了，在这里待到什么时候才是头呢？房东陈氏见李清照整日愁闷，怕她闷坏了身体，就劝她出去玩玩，散散心。房东向她介绍了金华的一些名胜。第一处是八咏楼,那是南齐时期沈约建的,因沈约作有咏楼长歌八篇,故名八咏楼。还有金华北山三洞——双龙洞、冰壶洞、朝真洞,那是金华最神奇的自然景观,凡到金华的人没有不去一游的。还有天宁寺、智者寺等等。李清照都连连摇头,表示没心思去。陈氏又说:"那么,去双溪吧,就在城外,不远。那里山清水秀,美着呢。"李清照还是摇了摇头。

这一天,李清照作了一首《武陵春》,该词写道:

风住尘香花已尽,日晚倦梳头。物是人非事事休,欲语泪先流。

闻说双溪春尚好,也拟泛轻舟。只恐双溪舴艋舟,载不动许多愁。

这首《武陵春》是李清照的代表作之一。全词一波三折、跌宕有致,尽现了词人内心深处的思绪波动。李清照告诉人们,她真想摆脱那无穷无尽的愁苦,可是,那愁苦太重了,她根本无法摆脱它,甚至不敢触动它。词的结尾两句,堪称千古名句。词人把愁写得具体化、形象化、生动化了。愁本来是看不见摸不着的东西,但在李清照笔下却有了重量。这重量有多重呢?反正重得船儿都载不动。这是多么神奇的艺术构思呵!在李清照之前,也有一些大诗人形象地写过"愁",如李白的"白发三千丈,缘愁似个长"(《秋浦歌》);李煜的"问君能有几多愁,恰似一江春水向东流"(《虞美人》);秦观的"便做春江都是泪,流不尽,许多愁"(《江城子》);贺铸的"试问闲情都几许?一川烟草,满

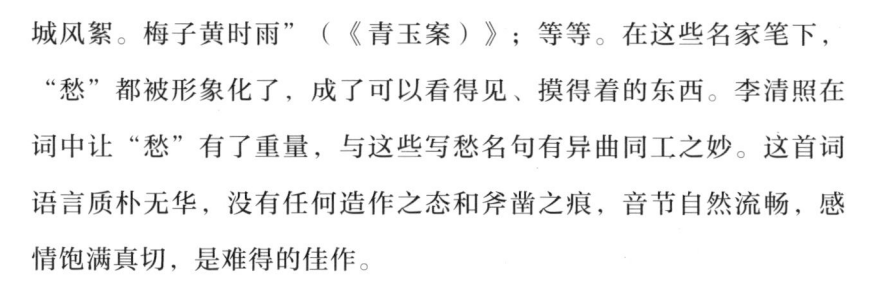

城风絮。梅子黄时雨"(《青玉案》》；等等。在这些名家笔下，"愁"都被形象化了，成了可以看得见、摸得着的东西。李清照在词中让"愁"有了重量，与这些写愁名句有异曲同工之妙。这首词语言质朴无华，没有任何造作之态和斧凿之痕，音节自然流畅，感情饱满真切，是难得的佳作。

李清照一直没去过双溪，不仅仅是因为没有心情，也因为不久之后她就离开了金华。

几天后，有消息传到金华，说是金太宗完颜晟死了，金兵已于年初撤回到淮河以北，宋高宗也在二月回到了杭州。

初夏五月三日，婺州太守找到了李清照，向她传达了朝廷的诏令，叫她立即把家藏的《哲宗皇帝实录》上交朝廷。这一突然事端让李清照不能再在金华待下去了。她知道，每朝皇帝的《实录》（即皇帝日常理政、生活情况记录），是不允许民间收藏的。公爹赵挺之当年确实存有一部传写的《哲宗皇帝实录》，但他并没有传给赵明诚，可能这部书在赵明诚的二哥赵思诚那里。如今朝廷下诏追缴该书，也不知又是哪个小人告的密。看来，朝中仍然有人跟赵家过不去。

李清照不敢掉以轻心，她一面向婺州太守说明了情况，一面赶紧给远在泉州的赵思诚写了封信，让他找找看看及早上交。李清照同时决定，马上回杭州去，如果一旦因此事引发别的事端的话，自己也便于及时处理。正当李清照收拾行装的时候，又一个消息传到了金华：宋徽宗赵佶上个月已在被囚之地——五国城（今黑龙江依兰县）去世了。听到这个消息后，李清照不禁心头一沉。要知道，这位极有才气却不能治国的皇帝，才活了53岁啊。从被俘到命终，整整8年。这8年，他不仅丧失了自由，也丧失了尊严。一个堂堂大宋王朝的皇帝，竟然葬身遥远的异国他乡，这是国家的耻辱，也是民族的耻辱啊！

在离开金华的前一天，李清照来到了八咏楼，她要在这最后一天仔细看一看金华城，向金华道别。八咏楼高高地耸立在石砌台基上，楼高数丈，十分壮观。它是金华城最高的建筑，远远望去，气势非凡。李清照登上八咏楼后，凭栏远望，顿觉眼前一亮，精神也随之振奋起来。来金华半年多了，她还真不知道，金华原来这么美。这眼下的城郭街巷，那远处的山山水水，一片亮丽，一片秀美。南下以后，除了在江宁与赵明诚共同生活的那段日子中她对古城江宁留下了较深印象之外，其他所到之地，她一概没有留意过，连已住过较长时日的杭州、绍兴，她也没有仔细游赏过。因为，在她心目中，哪儿也不如青州好。青州的山山水水在她心目中是最美丽、最亲切的。而此时她才意识到，原来自赵明诚在建康去世以后，自己竟对江南的山山水水也产生了偏见。

在饱览了金华秀色之后，李清照才回到楼里。楼壁上有当年沈约题写的八咏诗，她吟诵了一遍又一遍。忽然，她嘱守楼人预备笔墨，自己在楼上踱步沉思起来。守楼人送上笔墨后，李清照挥毫在沈约八咏诗后题写了一首七绝：

千古风流八咏楼，江山留与后人愁。
水通南国三千里，气压江城十四州。

小船沿着兰溪顺流而下，李清照在船尾望着渐渐远去的金华城，直

在饱览了金华秀色之后，李清照才回到楼里。

到城郭在她的视线中消失了，才回到舱中。

顺水船走得很快，下午未时，小船便由建德折弯驰进了富春江。李清照算计了一下，从金华发船至此，小船已行了一百三四十里路了。又过了大约一个时辰，小船便驰出建德地界，进入了桐庐地界。

船到桐庐，李清照不禁想起了一个历史人物，那就是西汉严子陵。于是，她嘱咐船家把船停泊在了靠近岸边的浅水处。

严子陵名严光，是西汉末年人，公元前39年出生于会稽余姚（今浙江余姚）。后来，严光结识了汉高祖的九世孙刘秀，与他成了好朋友。王莽篡汉之后，刘秀与其兄刘縯起兵于舂陵，受命于更始帝刘玄，大破王莽军。后刘玄杀死刘縯，刘秀在彻底平定王莽后当上了皇帝。刘秀定都洛阳，史称东汉。当刘秀披上龙袍当了皇帝时，严光却悄悄地隐遁了。刘秀派人四处寻访严光，好不容易找到了他，把他请到了京城，并授以谏议大夫高官。严光坚辞不受，最终还是退隐去了富春江。后人景仰严光不求名利富贵的高尚品德，便将他居住的地方称为严陵山、严陵滩，还在他钓过鱼的地方建了一处钓台，名严陵钓台。如今小船停泊的地方，再往前不远就是严陵钓台了。北宋景祐年间，人们还在钓台附近修了一座严陵祠。

李清照之所以让船家把船停住，是因为她知道，许多文人雅士乘船过富春江时，都是不在白天通过严陵钓台的。为什么呢？因为人们仰慕严子陵那种不为名利所动的精神，在严子陵这样的高洁之士面前，会感到惭愧的。所以，人们都羞于与严子陵"见面"，当船临近严陵钓台时，人们都要将船停下，等到夜幕降临后再通过钓台。这样，就不会让高士严光看到自己那羞愧的红脸了。

天色黑透之后，船家起锚了。雾蒙蒙黑蒙蒙的江面上，一只只上水船和下水船穿梭而行。两岸什么也看不到，只有一只只船头灯在江面上晃动着。江面上静静的，除了桨声橹声之外，一点别的声音也没有。这种静，与其说是安静，不如说是肃穆，似乎过往船只上的人们都在默默地向那位一千年前的高士致意。当小船过了钓台，李清照于船上一板一眼地吟出了一首七绝：

巨舰只缘因利往，扁舟亦是为名来。

往来有愧先生德，特地通宵过钓台。

第八章

定居杭州

李清照回到杭州之后，好长一段时间没有出家门。在金华住了半年多，回到自己那清静的小院后，自然有一种十分亲切的感觉。这种感觉，她已经许多年没有体验过了。那是一种"到家了"的感觉。从青州到江宁时，虽然与丈夫赵明诚团聚了，但她对江宁府的官邸，一直没有"家"的感觉。从江宁到池阳时，本来是想去寻个地方安个"家"的，可是这个愿望没能实现。丈夫病死建康，自己飘零南下，在温州、绍兴等地都住过一段时间，但那绝不是她的"家"。迁居杭州之后，她先是随着弟弟李远住，后又再嫁张汝舟，当然，那也没有成为她的"家"。搬到这处小宅院后，虽然生活安定了，但她一直在忙着整理《金石录》，况且她总觉得自己的家应该在青州，这个小宅院不管如何称心，总不如自己当年的归来堂。所以她在心中也没有把这里真正当成自己的家。只有这次，从金华回来一踏进这小小的宅院门，心头蓦然有种"到家了"的感觉。这种感觉，是一种长期漂泊最终结束后才会有的感觉，是一种历经磨难仍对新生活充满憧憬的感觉，也是一种只有老年人才会有的感觉。李清照好长一段时间不愿迈出自己的小宅院一步，不是因为身体不好，也不是因为心情不好，而是她在充分享受这"家"——家的安定，家的宁静，家的闲适，家的宜人。

转眼间秋天到了。

南来之前，每到秋天，李清照都会产生一种强烈的创作冲动，好像秋天格外能激发她的创作欲望似的。当院外那棵高大的桐树上刚刚有几片叶子落到阶前时，李清照心中便不由地一动，产生了该写点什么的欲望。几天来，她一直在家中酝酿着自己的诗情，她想，以往自己作词总是爱写些小令、中调，如今应试试写点长调才好。为了寻找当年那种创作感觉,她把当年自己创作的作品一首首回忆了一遍,然后一首首抄在一本册页上。

李清照最先想起的是那首《醉花阴》,那是她最得意的作品之一。特别是她想起赵明诚决心与她一比高低,废寝忘食三日夜,一气作了50首,结果仍然败在自己手下时,心中便生出些难以名状的酸楚。这首《醉花阴》是抄在册页上的第一首。接下来第二首,是《一剪梅》。当她抄到"一种相思,两处闲愁"两句时,把笔搁下了。是啊,她与丈夫共有的那"一种相思",如今已成了"一处深愁"。想到自己孤零零的今天,盯着刚刚写下的"云中谁寄锦书来,雁字回时,月满西楼"几句,李清照陷入了沉思。过了许久,她才又拿起笔来,写下了最后三句:"此情无计可消除,才下眉头,却上心头。"

李清照抄下的第三首,是一首《鹧鸪天》,全词是:

　　暗淡轻黄体性柔,情疏迹远只香留。何须浅碧深红色,自是花中第一流。

　　梅定妒,菊应羞。画栏开处冠中秋。骚人可煞无情思,何事当年不见收。

这是一首咏桂词,李清照一时想不起作于哪年哪月了,只记得这是在中秋赏桂后作的。这首词传出去后,曾有人问她道:"你在《鹧鸪天》里说桂花'自是花中第一流',而你在《渔家傲》中又曾说梅花'此花不与群花比'。那么,以子之矛攻子之盾,你认为梅花与桂花究竟谁该排第一呢?"李清照被那人一下子问住了,她眨了眨眼,稍停片刻又反问那人:"清照是在作曲子词。你偏把我的词当作《百花名次排行榜》来读,叫我怎么回答你好呢?"这一下子倒又把那个人问住了。是啊,诗就是诗,读诗怎么能像读论文一样那么较真呢?倘若大家都较起真来,那"燕山雪花大如席",岂不成了百分之百的谬论?想到这里,李清照不禁暗暗一笑,接着又抄下了一首咏桂词《摊破浣溪沙》:

揉破黄金万点轻。剪成碧玉叶层层,风度精神如彦辅,大鲜明。

梅蕊重重何俗甚,丁香千结苦粗生。熏透愁人千里梦,却无情。

再接下来,李清照抄下了她年轻时在家乡作的《怨王孙》。当写到"水光山色与人亲,说不尽、无穷好"时,她又停下笔沉思了好长时间。随后,她又抄了在青州作的两首,一首《忆秦娥》,一首《鹧鸪天》。《忆秦娥》写的是:

临高阁。乱山平野烟光薄。烟光薄。栖鸦归后,暮天闻角。

断香残酒情怀恶,西风催衬梧桐落。梧桐落。又还秋色,又还寂寞。

《鹧鸪天》写的是:

寒日萧萧上锁窗,梧桐应恨夜来霜。酒阑更喜团茶苦,梦断偏宜瑞脑香。

秋已尽,日犹长,仲宣怀远更凄凉。不如随分尊前醉,莫负东篱菊蕊黄。

李清照回头翻了翻抄过的几页旧作，心想，还是该再作首新的才好。于是，她在屋里边踱步边构思起新词来。不多一会儿，她踱到桌边，抄起笔又写下了一首《行香子》：

　　天与秋光，转转情伤，探金英知近重阳。薄衣初试，绿蚁新尝。渐一番风，一番雨，一番凉。

　　黄昏院落，恓恓惶惶，酒醒时往事愁肠。那堪永夜，明月空床。闻砧声捣，蛩声细，漏声长。

写罢这首《行香子》，李清照又从头读了一遍，总觉得有些不满意，觉得比起当年自己在汴京时作的那首《行香子》（草际鸣蛩）来，差远了。她摇了摇头，轻轻自语道："罢了，罢了，这首且如此吧，来日一定作首更好的。"

不久，重阳节到了。杭州民俗，每年元宵、端午、立夏、重阳等岁时节日，吴山都有盛大庙会。每到大庙会时，杭州城便有"五郎八保上吴山"之说。就是说，这一天，杭州城各行各业都要放假去吴山赶庙会。所谓"五郎八保"，指舂米郎、剃头郎、倒马郎（出粪者）、皮匠郎、焊锡郎、酒保、面保、茶保、饭保、地保、马保、像像保（阴阳先生）、奶保（奶妈）。另外，还有"十三匠"（指木匠、瓦匠、石匠等）也都要歇工去赶会。以往，每到大庙会，李清照都会让丫鬟放假去吴山玩一天的。这次，丫鬟一再鼓动李清照也去看看热闹，李清照破例高兴地答应了。

这吴山庙会是杭州规模最大、历史最久的庙会，传说自山上建了纪念吴国大夫伍子胥的伍公庙后,这庙会就兴起来了。吴山位于西子湖东南面,乃西湖群山之尾,由大小十几个山头组成。山不算大也不算高,但庙宇甚多,据说有七十二庙,而且儒、释、道三教共处,各庙香火皆盛。每逢庙会,山上山下遍布小摊小贩、戏棚茶座,从早至晚,熙熙攘攘,盛况难以言表。李清照这一天玩得十分痛快,直到天将傍晚,远处南屏山净慈寺的晚钟响起时,才想起回家。

逛了吴山庙会后,李清照竟一发不可收了,一连几天,她又让丫鬟陪她去游了西湖,拜了灵隐寺,登览了钱塘江畔的六和塔,品尝了"天下名泉"虎跑泉的泉水。杭州实在是太美了,人们把杭州比作人间天堂,一点也不为过。

李清照尽兴玩了几天之后,在高兴之余却渐渐萌生了一种不祥的感觉。她一时说不清这种感觉是如何生发出来的,慢慢地,她才意识到,这种感觉来自杭州城的变化。

是的,杭州城在悄悄地变化着,如今的杭州已不是绍兴二年(1132)高宗刚刚迁来时的杭州了。它变得繁华了,而且这变化的速度之快,着实令人吃惊。比方说吧,似乎是在一夜之间便一下子冒出了那么多的酒楼。除了南瓦子的熙春楼,武林园的三元楼,新街巷口的花月楼,融和坊的嘉庆楼、聚景楼,金波桥的风月楼,灵椒巷口的赏新楼,坝子西市的双凤楼,下瓦子前的日新楼等等之外,还有和乐楼、和丰楼、春风楼、中和楼、太和楼、丰乐楼、太平楼、五闲楼、悦来楼、光祥楼、五福楼、聚仙楼,等等等等,数也数不清。而且,诸家酒楼生意都十分红火。每当傍晚,各酒楼华灯竞上,歌妓们浓妆艳抹,凭栏招邀,巧笑争妍,极意奉承。歌管欢笑之声,自夕达旦。就是刮风下雨天

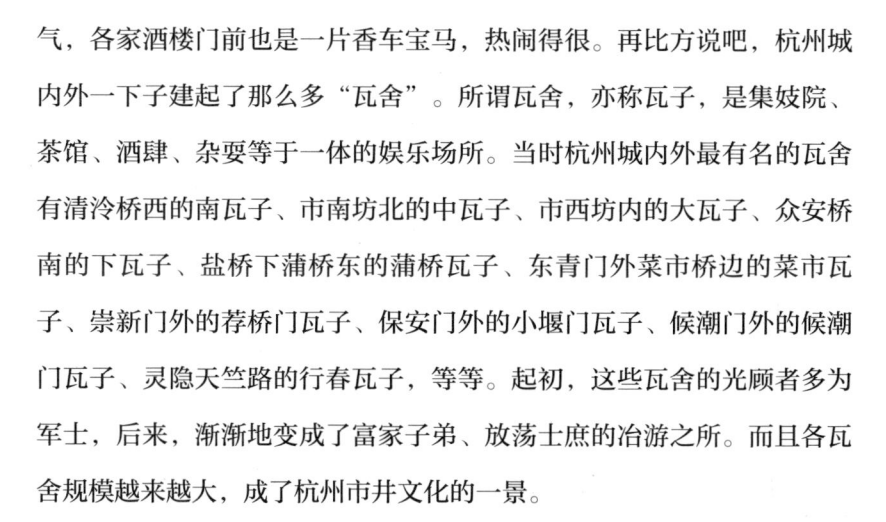

气,各家酒楼门前也是一片香车宝马,热闹得很。再比方说吧,杭州城内外一下子建起了那么多"瓦舍"。所谓瓦舍,亦称瓦子,是集妓院、茶馆、酒肆、杂耍等于一体的娱乐场所。当时杭州城内外最有名的瓦舍有清泠桥西的南瓦子、市南坊北的中瓦子、市西坊内的大瓦子、众安桥南的下瓦子、盐桥下蒲桥东的蒲桥瓦子、东青门外菜市桥边的菜市瓦子、崇新门外的荐桥门瓦子、保安门外的小堰门瓦子、候潮门外的候潮门瓦子、灵隐天竺路的行春瓦子,等等。起初,这些瓦舍的光顾者多为军士,后来,渐渐地变成了富家子弟、放荡士庶的冶游之所。而且各瓦舍规模越来越大,成了杭州市井文化的一景。

按说,一个城市的日渐繁华是城市发展的好事,可是,李清照在心理上对这种繁华却实在难以接受。因为在她心中,杭州只是大宋王朝的一个"行都",它不应该是京城,大宋的京城应当是汴京。如今,半壁江山在他人之手,中原地区的百姓连穿汉服的自由都没有了,而这里却是一片笙歌。高宗皇帝这是怎么了?朝中百官这是怎么了?难道对处于水深火热中的中原百姓不打算去拯救了?难道朝廷打算在东南一隅长期这样维持下去?难道文武百官忘记了收复失地的历史责任?难道从北边过来的那些军士、难民就甘心这样稀里糊涂地混日子?

李清照思来想去,那种不祥之感越来越清晰、越来越沉重,几天来出游的愉悦之情早已被这不祥之感冲到九霄云外了。早在建炎三年(1129)高宗拼命南逃时,李清照就怀疑过,这位皇帝是不是有些太自私、太无能了?大敌当前,怎么就只顾自己逃命呢?后来的种种迹象使李清照隐约意识到,高宗未必真想收复中原、迎回二帝。倘果然迎回二帝,在他哥哥钦宗赵桓面前,他的皇位还能保得住吗?如果仅仅因为一己私利而置中原大好河山和千百万人民于不顾的话，那不仅是太自私、太无能，而且是太无耻了。果真是这样的话，收复中原岂不成了一场永远实现不了的梦？可是，眼下杭州城的种种迹象已表明，李清照的忧虑不是多余的。特别是最近又有传闻，说是朝廷准备重新起用秦桧。李清照心想，若果然如此，收复中原就彻底没有希望了。为什么呢？因为李清照太了解秦桧其人了。

说起来，李清照与秦桧还有不算远的亲戚关系呢——秦桧的老婆王氏，是李清照的表妹。李清照的外祖父王珪，生有五个儿子，分别名仲修、仲山、仲嶷、仲琮、仲煜。王氏便是李清照的二舅仲山的女儿，李清照的母亲就是王氏的姑妈。少年时代，李清照曾与王氏接触过，因为李清照发现这位表妹太自私而且太有心机，与她很合不来，后来便少有来往了。王氏嫁给秦桧后，夫妻二人可谓臭味相投。秦桧的两面三刀、阴险恶毒与王氏品性正相吻合，二人合谋做了许多坏事，在百姓中口碑极坏。

这秦桧是个什么样的人物呢？此人为政和五年（1115）进士，初为密州（今山东诸城）教授。当时的密州知州翟汝文受他蒙骗，推荐他进京，由宰相李邦彦荐入馆职，不久出任了监察御史。靖康之变时，秦桧夫妻二人也成了金兵的俘虏，被押往北方。到了燕京之后，秦桧便跪倒在金人面前，投靠在金太宗之弟挞懒门下，暗中充当了挞懒的私人秘书，为挞懒起草公文，出谋划策。秦桧夫人王氏也发挥了"夫人外交"的本领，与挞懒的老婆套近乎，赢得了挞懒老婆的欢心。秦桧巧言令色，对金人百依百顺，然而在被押送来的宋朝官员面前，他却满口宁死不屈之类的强硬之语，给人以假象。一次，挞懒在与秦桧谈到宋金局势时，秦桧提出了"南自南，北自北"的政治主张。所谓"南自南，北自北"，就是说，南宋与金国以淮河为界，南北分治，互不干扰。表面上看起来，这是一个既承认既成事实，又维护和平的主张，实际上是一个卖国主张。按照这一主张，淮河以北大片国土就要理所当然地划给金国，大宋的疆域就理所当然地要割去一半，金人的侵略"战果"就要得到合法的承认。这不是卖国主张是什么？

金人在多次南犯没有达到亡宋目的后，便密谋对南宋统治者高层进行瓦解。他们设想了许多方案，其中最理想的方案是，派一个合适的人打入南宋高层领导之中，让他来影响高宗赵构，影响朝中大臣，起到瓦解斗志、涣散人心的作用。于是，秦桧便成了最合适的人选。建炎四年（1130）十月，金兵在南犯到淮安的时候，乘乱用一只小船把秦桧夫妇送过了淮河。秦桧一过淮河，便摇身一变成了"抗金英雄"，他声称自己是杀了看守他的金兵，夺船南下的。十一月，秦桧便赶到了当时高宗的驻跸之地越州，又花言巧语地将他在金营如何进行不屈斗争的"光荣历史"述说了一番。为了讨得高宗欢心，他还特地编造了关于徽、钦二帝在北方如何如何"平安"的消息。高宗听了十分高兴，曾对身边群臣说："桧朴忠过人，朕得之喜而不寐。盖闻二帝、母后消息，又得一佳士也。"（见《宋史·秦桧传》）不久，秦桧便被任命为礼部尚书，第二年就当上了副相。

秦桧编造的抗金光荣历史也引起过一些人的怀疑，有人也曾揭露过，但高宗充耳不闻。秦桧迅速飞黄腾达后，立即暴露了他的投降派嘴脸，他竭力宣传他那"南自南，北自北"的政治主张，试图影响朝廷，以求一逞。许多有识之士对秦桧的主张进行了揭露和批驳，一时倒秦呼声四起。连当年举荐过秦桧的翟汝文也当着文武百官说："天下人知桧真大金之奸细，必误国矣！"（见《三朝北盟会编》）高宗迫于压力，只好罢免了秦桧。秦桧的第一次为相历史只一年时间便结束了。

李清照当初与张汝舟打官司时，秦桧正在副相任上。李清照当时十分需要人帮助，她去托了远房亲戚綦崇礼，却没有托秦桧。綦崇礼与李清照的关系比秦桧与李清照的关系要远许多，綦崇礼的女婿是赵明诚姨表兄弟谢克家的孙子，这层关系怎能比得上秦桧近？再者，綦崇礼当时只是一名兵部侍郎，副相秦桧的官比他大得多，按说去求求秦桧事情会更好办一些。可是李清照偏偏舍近求远、舍高求低，可见她与秦桧这位表妹夫宰相是不愿来往的。当然，李清照讨厌秦桧，并不仅仅是因为讨厌他的个人品质，更主要的原因是她反对秦桧那卖国求和的政治主张。她深知，倘一旦秦桧的主张被高宗采纳，山河破碎、国家分裂的局面便难以改变了。

朝廷要重新起用秦桧的传闻不是空穴来风，李清照担心的事情终于发生了。绍兴六年（1136），秦桧从绍兴知府任上被召回杭州，接着就当上了枢密使——当时朝廷最高军事机构的主要负责人。不久，再度出任了宰相。

那么，南宋皇帝赵构为什么要再度重用秦桧呢？除了秦桧善于钻营之外，主要还是因为他那"南自南，北自北"的主张太对赵构的心思了。赵构本人毫不避讳这一点，他宣称："讲和之策，断自朕志。秦桧但能赞朕而已。"（《宋史·本纪·卷三十一》）就这样，一个苟安的皇帝和一个卖国的奸臣结合成了一体。秦桧从此权倾朝野，对外肆无忌惮地勾结金人，干尽了丧权辱国的罪恶勾当；对内竭力打击和排斥抗战派，大兴冤狱，残酷迫害爱国抗敌军民。而王氏则与他沆瀣一气，狼狈为奸，夫妇二人终因坏事做绝而成了遗臭万年的历史罪人。

李清照彻底失望了。她那一度焕发的对杭州城的游赏兴致，一下子又消退了，一种空前的失落感袭上心头。这种失落感，赵明诚刚去世时，她产生过。然而，这次的失落感却比那次要沉重得多。她整天感到没着没落的，什么事情也做不下去，心里总觉得堵得慌。她真想一个人登上玉皇山顶，面向苍天，痛痛快快地大哭一场。

已是深秋了，庭院里的菊花在一天天枯萎着，李清照也在一天天过着难挨的日子。就在李清照极度迷惘、苦闷、忧伤的时候，一首堪称卓绝千古的杰作，也在李清照胸中酝酿成熟并最终问世了，那就是《声声慢》。全词为：

寻寻觅觅，冷冷清清，凄凄惨惨戚戚。乍暖还寒时候，最难将息。三杯两盏淡酒，怎敌他、晚来风急！雁过也，正伤心，却是旧时相识。

满地黄花堆积，憔悴损，如今有谁堪摘？守着窗儿，独自怎生得黑！梧桐更兼细雨，到黄昏、点点滴滴。这次第，怎一个愁字了得！

这是李清照后期词作中最成功最有代表性的一首。她以极浅俗、极精练的语言，极概括地表现了自己南渡以来的生活状况和精神状态，展示了自己曲折复杂的内心世界。词中字字是凄苦，句句是哀愁，这凄苦和哀愁正是李清照饱经忧患后的真实感受，是李清照历经磨难后的痛苦倾诉,是李清照彻底失望后的无奈叹息。人们从这首词的字字句句中,都可以看到词人从破碎的心中迸发出的渗透着血和泪的剧痛。这剧痛中,外显的固然是词人的个人不幸,但其中蕴含的,却是国家和民族的不幸,是那个时代广大妇女的不幸。李清照在这首词中,没有直接描述当时苦难的社会现实。她不是以政治家和社会学家的身份来创作的,艺术家的天赋使她懂得,自己应该怎样去展示生活。这首词通篇都是写她的自我心态。但是通过词中女主人的心态揭示,折射出的却是足令读者心颤的社会现实。应该说,李清照在这里成功地写了一出黑暗时代的牺牲者的悲剧,也写了一出时代的悲剧、历史的悲剧。

这首词在艺术创作上极有特点。开篇连下十四个叠字,不仅情景婉绝,而且富有音乐美,后人称赞道"真似大珠小珠落玉盘也"(清徐釚《词苑丛谈》)。在宋代词人中,开篇便连用这么多的叠字,而且用得这么恰切、这么声情兼具的,李清照可谓第一人。当代词学泰斗夏承焘先生在对该词进行了细致研究后指出,这首《声声慢》具有极强的声调美。词中用舌声字十五个,齿声字四十二个,合计占全词九十七字的半数以上,充分表现了李清照艺术手法的高强。夏先生说,本来作品里用双声、叠韵过多的,若配搭不好,会成为"吃口令",所以前人以多用双声、叠韵为戒;而我们读李清照这首词不仅全无吃口的感觉,她并且借它来增强作品表达感情的效果,这可见她艺术手法的高强,也可见她创作的大胆。宋人只惊奇它开头敢用十四个重叠字,还不曾注意到它全首声调的美妙。(见《李清照词的艺术特色》)

这首《声声慢》不仅是李清照词创作的一个高峰,在中国词史上,也是人们不能不敬重的杰作。明人茅暎评此词道:"情景婉绝,真是

满地黄花堆积,
憔悴损,如今有
谁堪摘?

绝唱。"(《词的》)沈际飞评道："易安闺气所生，不独雄于闺阁也。"(《草堂诗余别集》)清人彭孙遹评道："用浅俗之语，发清新之思，词意并工，闺情绝调。"(《金粟词话》)陆昶评道："玩其笔力，本自矫拔，词家少有，庶几苏辛之亚。"(《历代名媛诗词》)陆以湉评道："此千古创格，亦绝世奇文也。"(《冷庐杂识》)

《声声慢》这个词牌，词人中使用的不是很多。这主要是因为，相对而言，长调慢词比较难填。慢词是一种唱起来音调较缓慢、婉转，并且有长长的拖腔的歌词。这种歌词，每一个字都必须严格合于词律，不然唱出来会很不中听。另外，也许还有一个原因，就是这词牌听起来有点不那么"吉利"，容易给人以越来越松懈、越来越糟糕的感觉。有的词人虽用此调填词，却另作他名，如贺铸便改为《凤求凰》《寒松叹》，还有的人改为《胜胜慢》，等等。这里，我们也可以借用"声声慢"三个字来形容李清照此后的日子——已经五十多岁的李清照，人一天比一天苍老，心情一天比一天忧郁，生活一天比一天凄苦，诗情也在一天比一天减退。李清照一生中最美好的一段生活早已成了过去，最动荡的一段生活、最艰难的一段生活也已成了过去。真正凄惨的生活，正一天天向李清照逼近。从此以后，李清照的一切，都一日不如一日了。

第九章

凄惨晚年

宋高宗绍兴九年（1139）正月，高宗皇帝梦寐以求的宋金和议终于实现了。双方议定：宋对金称臣，每年向金贡纳银二十五万两，绢二十五万匹；金方则答应归还河南、陕西两地，并送回徽宗"梓宫"和高宗的母亲韦太后。高宗赵构认为，自己从此可以高枕无忧了。

然而事实却与高宗的愿望相反，他不仅久久等不着父亲的"梓宫"和韦太后，而且还听到了派去金国的使臣王伦被扣留的消息。第二年五月，金方彻底撕毁协议，派完颜宗弼和完颜杲分头进军开封和永兴军，要重取河南、陕西。金方的自毁协议更加激怒了南宋爱国将领们，韩世忠、岳飞等率部英勇抵抗。七月，岳飞在堰城、颍昌大破完颜宗弼的军队，同时岳飞派梁兴与河北义军联系，决心断敌后路，全歼金兵。正在此时，朝廷却下令全线撤兵，宋军一概退到长江以南。岳飞奉诏改驻武昌，已经收复的失地就这样又轻易地交了出去。

绍兴十一年（1141）四月，高宗和秦桧召韩世忠、张俊、岳飞等抗金将领到杭州，解除了他们的兵权，韩、张任枢密使，岳飞为副使。七月，受秦桧指使，万俟卨弹劾岳飞"阻挠国事"。接着，八月何铸、罗汝楫又上疏论岳飞罪名，岳飞被罢职。九月，岳飞部将王俊承秦桧意旨，诬告岳飞部将张宪为求恢复岳飞兵权阴谋在襄阳叛乱。张宪被捕下狱，秦桧加紧罗织岳飞罪名。十月，岳飞父子被捕下狱。腊月二十九日（1142年1月27日），抗金英雄岳飞与岳云、张宪同时被害。

听到岳飞被害的消息后，韩世忠找到秦桧，问岳飞究竟犯了什么罪，秦桧的答复只有三个字："莫须有。"

秦桧杀了岳飞后，对抗战派的迫害日益加剧，"数兴大狱，而又喜谀佞，不避形迹"（《宋史·卷四百七十三·列传第二百三十二》），一时特务横行，鹰犬遍布，"察事之卒，布满京城，小涉讥议，即捕治"，全国笼罩在一片黑色恐怖之中。

绍兴十二年（1142）二月，宋进誓表于金，再度割据称臣。三月，赵构这位赵宋第十任皇帝正式被金朝"册封"为"宋帝"。八月，金人释放了高宗的母亲韦太后，还回了徽宗"梓宫"。九月，秦桧被封为太师、魏国公。高宗赵构与秦桧同流合污，他们那"南自南，北自北"的政治主张，终于在丧权辱国的不平等条件下得到了实现。

李清照老了。这不只是她个人的感觉，弟弟李远来看她时有这种感觉，邻居孙综与夫人梁氏来串门时有这种感觉，连整日陪伴在身边的丫鬟也有了这种感觉。按说，已是年近六十的人了，日渐衰老自是不可抗拒的人生规律。不过，李清照实在是老得太快了。这些年来，表妹夫秦桧权势日重，李清照丝毫不想去沾这位表妹夫一点什么光，她知道，秦桧和王氏已是坏事做绝，他们在得到了权势、得到了荣华富贵的同时，也得到了国人的唾骂。所以，李清照从来没有对外人说起过她与秦桧的亲戚关系。她还再三叮嘱弟弟李远，不要攀附秦家，一定要洁身自重。

自从南渡以来，李清照日思夜盼的事就是希望能看到宋军收复失去的国土，自己能回到故乡山东安度晚年。只要前线的抗金斗争有点好消息传来，李清照都要兴奋好长时间。同样，只要有坏消息传来，她也要难过好长时间。虽然失利的消息越来越多，可是她心头依然燃烧着希望之火。她总觉得，高宗皇帝大概还不至于卖国。然而，当绍兴十二年（1142），高宗接受了金朝的"册封"之后，李清照彻底失望了。这彻底的失望带给李清照直接的后果，就是迅速衰老。哀莫大于心死，希望

李清照

她终日只把自己封闭在那个小宅院里，看书、作画、抚琴……

的破灭是对一个人最无情的打击。李清照怎能承受得住这种打击？又怎能不迅速地衰老下去？

李清照像是变了一个人，当年那种高声呐喊"欲将血泪寄山河，去洒东山一抔土"的政治热情，如今早已被消磨殆尽了。她不再愿意参加任何社会活动，也不再轻易发表时政评论了，甚至连游山玩水的兴致也没有了。她终日只把自己封闭在那个小宅院里，看书、作画、抚琴，偶尔也填几首词。有一首《临江仙》就是在这小宅院里作的。该词写道：

> 庭院深深深几许，云窗雾阁常扃。柳梢梅萼渐分明。春归秣陵树，人老建康城。
>
> 感月吟风多少事，如今老去无成。谁怜憔悴更凋零。试灯无意思，踏雪没心情。

有人据词中有"春归秣陵树，人老建康城"二句，便指说此词为李清照在江宁时所作。其实不然，李清照在江宁时，经常于城头踏雪寻诗，邀夫赓和，虽然心情不如在青州时，但绝不至于发出"如今老去无成"和"谁怜憔悴更凋零"的慨叹的。这首词正是她晚年的作品，"春归秣陵树，人老建康城"二句，只是表达了词人对死于建康的丈夫赵明诚的怀念而已。从这首词中可以看出，李清照晚年，境况是孤苦憔悴的，心情也十分不好。这一点，从她作的《元宵》一词中也可得到证明。

杭州城的元宵节是十分热闹的。从正月十四开始，杭州全城要放灯三天。城内外百万人家都要挂灯，南起龙山，北至北新桥，四十里灯火不绝。特别是亲王府第和富贵人家，还要在门前扎山棚，放焰火。那灯的样式也真多，什么沙戏灯、马骑灯、火铁灯、象生鱼灯、一把蓬灯、进锤架儿灯、人物满堂灯，等等，令人眼花缭乱。各府第的私家乐队也在门前吹笙弄瑟，敲锣打鼓，吸引游人，有的还备有香茶鲜汤，供人饮用。街上扮玩队伍一队接一队，除了舞龙灯、耍狮子、踩高跷、跑旱船等之外，最吸引人的还是芯子——由壮汉肩扛竹竿，竿顶立着打扮得花枝招展的少男少女，随着人行竿颤，上面的少男少女做着各种优美的动作。各酒家茶肆更是不愿错过这做生意的好时候，不仅也要悬灯结彩，喧天鼓吹，还想尽名堂设奖引客。

　　正月十五夜是节日高潮。这一天，公子王孙、富家少年则以纱笼喝道，携佳人美女，四处游赏。普通百姓也纷纷涌上街头，或赏灯或观焰火，或追随扮玩队伍，尽兴欢乐。其中，最高兴的是那些少女、少妇们。她们平日很少有出门玩赏的机会，元宵节这一夜，她们却可以疯玩个够。于是，她们无论穷富，都尽可能地打扮自己，尽可能地放松自己。她们涌上街头，不仅爱看华美的灯，也爱看盛装的人，同时更爱向人们展示自己的美。许多中老年妇人也不甘落后，她们虽然自知青春不再，但那欢乐和轻松对她们来说也是难得的享受。

　　李清照却没有接受这一份享受。元宵夜，在传来的阵阵欢声笑语中，她作了一首《永遇乐》。全词写道：

　　　　落日熔金，暮云合璧，人在何处？染柳烟浓，吹梅笛怨，春意知几许？元宵佳节，融和天气，次第岂无风雨？来相召，香车宝马，谢他酒朋诗侣。

　　　　中州盛日，闺门多暇，记得偏重三五。铺翠冠儿，捻金雪柳，

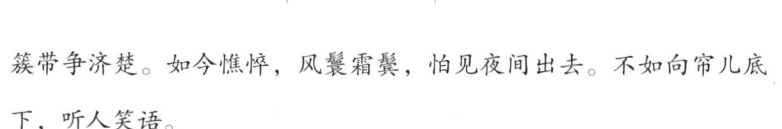

簇带争济楚。如今憔悴，风鬟霜鬓，怕见夜间出去。不如向帘儿底下，听人笑语。

这是李清照晚年引起社会反响最强烈的作品之一。它与《声声慢》一样，一问世便引起了轰动。

李清照在词的上片首先描绘了一幅美妙的晚晴景象——那通红的落日，像在熔化黄金一样，那么耀眼，那么灿烂；朵朵白云，在暮色中像连在一起的白玉，那么美妙，那么迷人。她不由叹道："我这是在哪里呢？"节日的美景没带给她多少喜悦，相反地，倒是给她带来了寂苦凄凉之感。接下来她笔下的景致就不再那么明朗了：柳枝上蒙着浓重的烟云，远处传来的又是笛子吹奏的《梅花落》那幽怨的乐声，这春天的景象还能有多少呢？这元宵佳节，虽然天气还不错，可是天有不测风云，说不定哪儿会来一阵风雨呢！酒朋诗侣们乘着香车宝马来相邀去赏灯，可是她哪有那份兴致呢？她客气地谢绝了那些朋友们。过片之后，李清照由今日杭州的元宵节想起了当年汴京的元宵节。那时，妇女们最喜欢过元宵节了。元宵节一到，个个打扮得华丽又时髦，头上戴着翠羽帽子，还插满了用金线编制的饰物，在大街上尽情地游玩，那景象才真叫快活呢。可是，汴京的节日盛况早已成了往事，今天这里的人们是在把杭州当作汴京了。对此究竟是该喜呢，还是该忧？在词的结尾，李清照自我叹息道：如今我已老了，风华正茂的时候早已过去了，斑白的鬓发蓬松着，这副样子怎么能出门呢？倒不如躲在窗帘底下，默默地去听别人的欢声笑语呢！

当别人在节日高高兴兴地去游玩时，李清照却打不起精神来欢度佳节——别人的欢笑，更激发了她内心的痛楚和孤寂。当别人兴高采烈时，她只有躲起来悄悄地去听，连出门去听都不敢。因为什么？因为她一想到当年就伤心，她控制不住自己的感情，她只能偷偷地流泪，悄悄地叹息，默默地忍受。

这首词的艺术表现手法是极为成功的。全词从写景始，继而写景兼叙事，但无论是写景还是叙事，又都是在言情。词人笔下的景和事，都紧密地牵动着词人的心绪；而词人心绪的波动，又不断促成景物和事态的变换，最终达到了所写之景、所叙之事皆落实于所言之情的效果。另外，词中恰到好处地运用了对比写法，将往日的欢乐热闹与今日的孤寂凄凉做了强烈的对比，将他人的幸福与自己的伤感做了强烈的对比。在这双重强烈对比之下，塑造了一位历经磨难、彻底失望之后，只能自我抑欲饮悲的不幸的妇女形象。

这首《永遇乐》在南来逃难的人们中很快传开了，词中的故国之思和身世之感，在一些爱国人士中引起了共鸣。一名叫刘辰翁的爱国词人读到了李清照这首《永遇乐》后，不禁涕泪俱下。他也和作了一首《永遇乐》，以寄托自己的家国之思。该词前有小序，写道：

余自乙亥上元，诵李易安《永遇乐》，为之涕下。今三年矣。每闻此词，辄不自堪。遂依其声，又托之易安自喻，虽辞情不及，而悲苦过之。

词曰：

璧月初晴，黛云远澹，春事谁主？禁苑娇寒，湖堤倦暖，前度遽如许。香尘暗陌，华灯明昼，长是懒携手去。谁知道，断烟禁夜，满城似愁风雨。

宣和旧日，临安南渡，芳景犹自如故。绸帙流离，风鬟三五，能赋词最苦。江南无路，廓州今夜，此苦又谁知否？空相对，残釭无寐，满村社鼓。

宋高宗绍兴十三年（1143），李清照60岁了。上一年，赵明诚的远房亲戚、曾经在李清照因讼张汝舟一事遇到麻烦而给予帮助的綦崇礼去世了，享年仅60岁。在吊唁綦崇礼时，李清照曾产生过一个想法：自己活在世上的时间不会很多了，应当在有生之年尽量多做点事情才是。她想到的第一件事情，就是要使《金石录》刊行于世。

李清照不愿让《金石录》永远藏在自己的书箧里，也不愿随随便便地刻印出来，她一定要想办法引起官方的重视，争取使该书正式刊行于世。于是，李清照决定将她与丈夫赵明诚共同完成的《金石录》书稿进表于朝廷。她一天天盼着，盼着早日看到《金石录》问世。

绍兴十五年（1145），高宗赵构因秦桧主持议和有功，赐给了他一套豪华府第，同时还赐银一万两、绢一万匹、彩缎一千幅。秦桧搬进新宅之后，大摆宴席，名义上是谢皇上恩赐，实际上是借机炫耀权势。秦府请的客人，一是朝中达官贵人，二是一些亲朋故旧。李清照作为秦府内当家王氏的表姐，当然也在被邀请之列。当秦府差人将大红请帖送到李清照家时，她粗略看了一下上面的几行字，便顺手把那请帖扔在茶几上了。

秦府的宴会，李清照没有去参加。时隔不久，她就听到了那一天发生在秦府的故事。事情是这样的：

秦桧大宴宾客时，特地从教坊司请来优伶演戏助兴。锣鼓开场之后，台上出现了一位"参军"，他摇头晃脑地念了一大段为秦桧歌功颂德的道白。秦桧听得十分得意。接着，台上又一位演员搬出了一把太师椅，他把太师椅摆在戏台正中后，便与那位演参军的演员打诨逗乐，引得台下观众前仰后合、哈哈大笑。然后，"参军"一腚坐在了太师椅上，他故作用力过猛状，让高高的椅背将帽子碰了下来。帽子一掉，全场又是一阵大笑。原来这"参军"身为一堂堂男子却梳了一头小辫。这时，"参军"又转过身去，人们看到，他脑后的小辫绾成了髻，髻上还别着一个两环相叠的髻环。这种髻环俗名"双胜"，当时妇女多有佩戴者。而另一位演员却故意指着问那位"参军"："这是什么环？"那位"参军"答道："这是二胜环。"话刚说完，另一位演员便举起木棍向"参军"打去。他一边打，一边骂："你这个畜生，就知道往太师椅上一坐，发号施令，搜刮财物，你不光不顾老百姓死活，怎么把二圣还都放到脑后去了！"起初，台下的人们还没看出名堂来，当意识到那演员是故意把"二胜环"说成是"二圣还"时，不禁又爆发了哄堂大笑。秦桧也听出了这是在讽刺自己，他气得脸色铁青却不便发作，过了一会儿，便借口有事早早退场了。第二天，秦桧就下令将参加演出的优伶都抓了起来。那两位演员和教坊司的主管，在严酷拷打之中，都命丧黄泉了。

李清照听了这个消息之后，一连数日茶饭难进，她心里总在想，这种权奸横行的黑暗世道，何时才是尽头？

还有一件事也让李清照十分伤心。邻居孙综是个七品小官，他有一

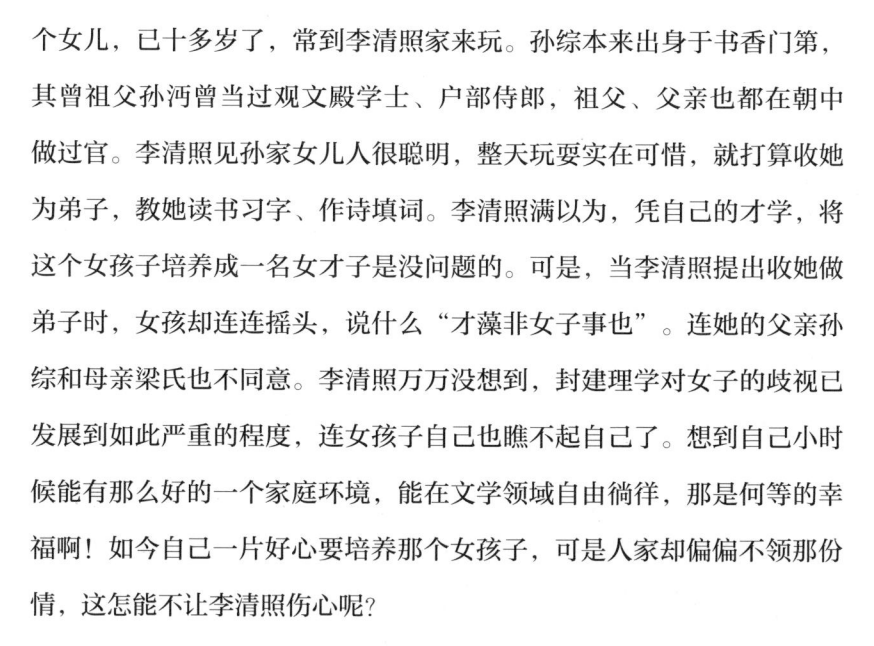

个女儿，已十多岁了，常到李清照家来玩。孙综本来出身于书香门第，其曾祖父孙沔曾当过观文殿学士、户部侍郎，祖父、父亲也都在朝中做过官。李清照见孙家女儿人很聪明，整天玩耍实在可惜，就打算收她为弟子，教她读书习字、作诗填词。李清照满以为，凭自己的才学，将这个女孩子培养成一名女才子是没问题的。可是，当李清照提出收她做弟子时，女孩却连连摇头，说什么"才藻非女子事也"。连她的父亲孙综和母亲梁氏也不同意。李清照万万没想到，封建理学对女子的歧视已发展到如此严重的程度，连女孩子自己也瞧不起自己了。想到自己小时候能有那么好的一个家庭环境，能在文学领域自由徜徉，那是何等的幸福啊！如今自己一片好心要培养那个女孩子，可是人家却偏偏不领那份情，这怎能不让李清照伤心呢？

孙家那女孩子长大后嫁给了一个叫苏君琜的人，当上了恭顺"三从四德"的贤妻良母，她的儿子苏洞后来成了大诗人陆游的学生。孙氏去世以后，应苏洞要求，陆游为她撰写了墓志铭。墓志铭中还记述了她拒绝李清照授学的事情。陆游是这样写的：

> 夫人幼有淑质，故赵建康明诚之配李氏，以文辞名家，欲以其学传夫人。时夫人始十余岁，谢不可。曰："才藻非女子事也。"

连大诗人陆游都对孙氏幼时拒学一事持肯定态度，可见"女子无才便是德"的封建观念，在当时已是何等根深蒂固了。

由此，我们可以联想到，一部《宋史》，皇皇数百万言，却无一章一节为李清照立传。《宋史》的编纂者只是在李格非传之末尾捎带提了一句："女清照，诗文尤有称于时，嫁赵挺之子明诚，自号易安居士。"这是一种何等的不公平啊！为什么一代正史竟不为李清照立传？还不就因为她是一个女人！

　　暮年的李清照是在十分孤独的境况下生活的。赵家方面，赵明诚的两个哥哥存诚、思诚已先后在绍兴二年（1132）和绍兴十七年（1147）去世了。李家方面，李清照唯一的弟弟李迒也不在身边（由于无李迒资料可查，我们难以判断李迒是先于李清照去世，还是住在他处）。早先，李清照的生活还能依靠一点亲戚接济，到后来，她只能靠变卖家产度日。当李清照垂垂老矣的时候，人们似乎已经把她遗忘了。这位孤苦老人是怎样度过自己那最后的岁月的？后来的人们从当时流传下来的所有文字中，找不到一点记录。以至于直到今天，李清照的卒年仍然还是一个谜。

　　李清照是悄悄离开人世的。谁也不知道她是什么时候走的，或者说谁也没在意她是什么时候走的。这位"自少年便有诗名"（宋·王灼《碧鸡漫志》）的女文学家的离去，在当时社会上没有引起任何轰动——既没有像样的发送，也没有隆重的追悼。别说官方没有任何表示，民间对其后事的处理也无只字记载。她是因病去世的还是偶然遇难？临终时有谁在她身边？她留下过什么遗言？她是葬在了西子湖滨还是钱塘江畔？她是死于梅花绽放时还是桂花盛开时？……

　　一代才女李清照，就这样在人们不知不觉中走了，平常得就像一片秋叶飘落、一朵黄花坠地。

　　绍兴二十六年（1156），《金石录》终于刊行问世了。李清照没有等到这一天，她早走了一步——带着没能看上它一眼的遗憾，走了。

第十章

流芳千古

李清照

在长期的封建社会中，能够跻身文学殿堂并取得一定创作成就的女文学家，屈指可数。我国权威工具书《辞海》，收录中国古代文学家八百余人，其中女文学家仅20人。这20人中，人们比较熟悉的也只有班婕妤、蔡文姬、谢道韫、薛涛、鱼玄机、李清照、朱淑真、柳如是、秋瑾等十几人。如果把这一支人数不多的女作家队伍比作一簇艳美的鲜花的话，那么，李清照可谓这簇鲜花中最令人瞩目的一枝奇葩。借用李清照的词句来概括，那就是"自是花中第一流"（《鹧鸪天·咏桂》）。

李清照在中国文学史上的地位是不朽的。她的文学创作成就是多方面的，在诗、词、文、赋等领域，她都表现出了不凡的创作才华。她是一位多产的文学家，据史料记载，在李清照去世后，有人曾编成《易安居士文集》十二卷、词集《漱玉集》六卷。可惜的是，这些集子都在南宋末年的社会动荡中散佚了。人们今天所看到的李清照作品集，都是后人从一些总集中辑录而成的。较早的有明代万历年间毛晋辑的诗词杂俎本《漱玉词》，收词仅17首。其后有清人王鹏运辑、况周颐校补的四印斋所刻词本，收词58首；近代李文裿冷雪庵本，收词28首；近代赵万里校辑宋金元人词本，收词43首（附前人误收作品17首），等等。中华人民共和国成立后，中华书局出版有《李清照集》，山东人民出版社出版有《漱玉集注》，人民文学出版社出版有《李清照集校注》，齐鲁书社出版有《重辑李清照集》，济南出版社出版有《李清照全集评注》，上海古籍出版社出版有《李清照集笺注》，等等。至于李清照作品的选注本、赏析本、简介本等，已出版数十种。由于这些集子的编辑者视野不同、观点不同，因而各本收入李清照的作品数量不一，取舍各异。目前，学术界普遍认为，人民文学出版社于20世纪70年代末出版的由王仲闻先生校注的《李清照集校注》，辑录李清照作品比较周全严谨。该书收李清照词50首（含存疑之作14首），诗18首（另附失题断句等15则），文、赋8篇。

虽然李清照流传下来的作品数量不算多，但其质量多属上乘。奠定一名文学家的地位的，主要的不是作品的数量，而是作品的质量。自南宋以来，许多学者、诗人对李清照的作品给予了高度评价，特别是对李清照的词及其在词史上的地位和影响，都给予了好评。

宋人王灼在《碧鸡漫志·卷二》中说：

"易安居士……自少年便有诗名，才力华赡，逼近前辈。在士大夫中已不多得。若本朝妇人，当推词采第一。"

宋人朱彧在《萍洲可谈》中说：

"本朝女妇之有文者，李易安为首称。易安名清照，元祐名人李格非之女。诗之典赡，无愧于古之作者。词尤婉丽，往往出人意表，近未见其比。"

明代著名诗人杨慎在《词品·卷二》卷二中说：

"宋人中填词，李易安亦称冠绝。使在衣冠，当与秦七、黄九[①]争雄，不独雄于闺阁也。"

清代著名诗人王士禛在《花草蒙拾》中说：

[①] 秦七，指秦观；黄九，指黄庭坚。

"张南湖论词派有二：一曰婉约，一曰豪放。仆谓婉约以易安为宗，豪放惟幼安称首，皆吾济南人，难乎为继矣。"①

清代学者李调元在《雨村词话·卷三》中说：

"易安在宋诸媛中，自卓然一家，不在秦七、黄九之下。词无一首不工，其炼处可夺梦窗之席，其丽处直参片玉之班。盖不徒俯视巾帼，直欲压倒须眉。"②

清代著名词学家陈廷焯在《白雨斋词话·卷六》说：

"宋闺秀词，自以易安为冠。朱子③以魏夫人与之并称。魏夫人只堪出朱淑真之右，去易安尚远。"

陈廷焯在《云韶集》中又说：

"李易安词，风神气格，冠绝一时，直欲与白石老仙④相鼓吹。妇人能词者，代有其人，未有如易安之空绝前后者。"

古人对李清照的评说很多，以上只是引用了有代表性的几则。从古人的评说中可以看出，宋元时期，人们对李清照的认识，还只是局限在惊讶其作为一名女性何以有如此高才方面，到了明代以后，人们已开始注意对其文学成就（主要是词创作成就）的评价了。至清代，李清照研究已逐渐形成高潮，对李清照词的创作成就的肯定，在学界已形成共

---

① 张南湖，为明代张綖；幼安，为辛弃疾。
② 梦窗，指吴文英；片玉，指周邦彦。
③ 朱子，指朱熹。
④ 白石老仙，指姜夔。

识。同时，李清照的诗文也引起了学界关注，李清照生平的考证工作也逐渐开展起来。在对李清照文学成就的评价中，李调元的概括是极为准确、极为形象的——"不徒俯视巾帼，直欲压倒须眉"。

那么，李清照究竟对词的发展做出了哪些贡献呢？我们可以大致做出如下归纳：在婉约词的发展史上，李清照继李煜、柳永、秦观等之后，把婉约词的创作水平推向了又一个高峰；她以独到的艺术功力，在闺情词中成功地塑造了"思妇"的典型形象，真正唱出了"闺情绝调"；她创造了"以浅俗之语发清新之思"的独特艺术风格，变前人的俚而鄙为自己的俚而雅，使浅俗之语在词中表现出了极强的生命力；她创造的"易安体"，为词苑增加了活力，也为后人做出了榜样；她不仅在词的创作实践中独树一帜，在词学理论方面也有独到建树。

为了更充分地说明李清照在中国文学史上的地位，我们再引用几则现代著名学者的评说：

著名词学家胡云翼先生在《宋词研究》中说：

在宋代，虽则词人济济的宋代，而她的作品虽拟之于极负词名的辛弃疾、苏东坡，也决不多让。有人称清照词为婉约之宗，更有人说李清照是北宋第一大词人。依我看来，这都不是过誉的批评。我们知道清照的成就，虽仅及于词的一方面，而她在文学史上的地位，已经与伟大的骚人屈原、诗人陶潜、杜甫并垂不朽了。她不仅在女性里面是第一大作家，她的文名与作品，已经与世界永存了。

著名学者谭正璧先生在《中国女性的文学生活》中说：

当我涉笔要写我们有史以来最伟大的女文学家李清照而翻读她的身世和作品的时候，使我忍不住感情迸裂，屡屡为之掷笔长叹。这样拙劣又是这样枯索的我的笔锋，不知怎样的去写，才能将我们这位出落得异样伟大的女文学家的丰腴的生命和她的超逸的天才，整个地活跃而逼真地表现出来，我几不信我自己有去尝试的大胆！

著名学者郑振铎先生在《中国文学史》中说：

李清照是宋代最伟大的一位女诗人，也是中国文学史上最伟大的一位女诗人。她的词集凡六卷，她的文集也有七卷。今所传的诗词，不过寥寥的数十首而已……然既在那些残余的"劫灰"里，仍可充分地见出她的晶光照人的诗才来。她的五七言诗并不甚好；她的歌词却是她的绝调。像她那样的词，在意境一方面，在风格一方面，都可以说是"前无古人，后无来者"。她是独创一格的，她是独立于一群词人之中的。她不受别的词人的什么影响，别的词人也似乎受不到她的影响。她是太高绝一时了，庸才的作家是绝不能追得上的。无数的词人诗人，写着无数的离情闺怨的诗词。他们一大半是代女主人翁立言的。这一切的诗词，在清照之前，直如粪土似的无可评价。

著名学者刘大杰先生在《中国文学发展史》中说：

李清照是南渡前后的女词人，是中国古典文学史上有崇高地位

李清照以卓著的文学成就，奠定了她在中国文学史上不朽的地位。

的天才女作家。她是遵守着词的一切规律而创作的。她一面重视音律，精炼字句；同时，她的词富于真实的性情与生活的表现。她生逢国变、家破人亡，她的笔下，虽没有直接反映现实，但我们要知道她丈夫的死，她的流浪贫穷，她改嫁事件的受冤，都是那个乱离时代、封建社会直接给她的迫害。她正是当日一个受难者的代表；她的生活情感，也正是当日无数难民的生活情感。

著名词学家、中国李清照辛弃疾学会会长刘乃昌先生在《李清照的文化性格及词作成就》中说：

李清照是一位多才多能而尤以词作成就卓立词史的杰出女作家。只要接触她的作品，就会感到她有不同于古代寻常女性的卓异的个性。……李清照之前，婉约词人多以男性写艳情幽怀，后更融入身世之感。李清照则是以女性本位写自我爱情生活的悲欢和亲历的家国事变的深重感伤而获得空前成功的第一人。

还有许多著名学者发表过关于评价李清照的论述，这里便不一一列举了。

进入新时期以来，我国的李清照研究工作也进入了空前的繁荣阶段。1978—2008年这三十年中，国内报刊发表李清照研究文章达700多篇。在宋代词人的研究文章中，这一数字仅次于苏轼，居第二位。辛弃疾、柳永、陆游等人皆列李清照之后。1984年，为纪念李清照九百周年诞辰，在李清照的故乡山东济南，举行了第一次全国李清照学术研讨会。其后，学术界又连续举行了多次全国性和国际性李清照学术研讨会。在这些研讨会上，李清照的文学成就，都得到了与会者充分的肯定和高度的评价。1992年9月，经中华人民共和国民政部批准，中国李清照辛弃疾学会正式成立，更有力地推动了我国李清照研究事业的发展。

在我国港澳台地区，也出版了许多李清照作品集和研究专著，台湾还举办过李清照研究学术研讨会。

李清照的词在国外也有深远影响。美国、日本、俄罗斯、罗马尼亚、英国、韩国等，皆有李清照词的译本出版。日本、俄罗斯、美国等国家的学者，还发表了一些李清照研究论文。英国《大不列颠百科全书》在评介李清照时称她是"一位伟大的女词人"，"在中国词坛的第一流代表人物中，她应该名列前茅"。

1987年，世界天文组织将水星上的一座环形山命名为"李清照山"。

总之，李清照以卓著的文学成就，奠定了她在中国文学史上不朽的地位。她是中华儿女的骄傲，也是世界人民的骄傲。她对中华文化和世界文化做出的贡献，永载史册。